SüdOst Verlag

Straubing

und der Landkreis Straubing-Bogen

Text und Fotos:
Kai Ulrich Müller

Blick auf Straubing: Links die Basilika St. Jakob und die blaue Donau, auf der rechten Seite der Theresienplatz mit der Dreifaltigkeitssäule und dem Stadtturm, dahinter am Horizont die Wallfahrtskirche auf dem Bogenberg.

Einer der Höhepunkte des Straubinger Festkalenders: Der traditionelle Volksfestauszug zu Beginn des Gäubodenfestes.

BAYER. WALDVEREIN
Gäuboden-Trachtengrupp
Straubing
Bayerischer Waldverein
HALTESTELLE GESPERRT
Ottogasse
Berechtigte
Innenhof Sparda-Bank
frei
WURM
STADTBÄCKER

Weiter Blick über den „heiligen Berg Niederbayerns", den Bogenberg und auf die Donau, am Horizont die nächtlichen Lichter der Stadt Plattling.

Eine der prächtigsten Barockkirchen nördlich der Alpen: St. Peter und Paul im Bogener Ortsteil Oberalteich.

VESPETRVSE
PERH
CABOE
CLESIĀMEA

Die Nagelsteiner Wasserfälle zwischen Neukirchen und St. Englmar bilden eine Vielzahl von kleineren und größeren Kaskaden.

Wilde Gesellen in der Rauhnacht von St. Englmar.

Inhalt

Einleitung .... Seite 20
Die Gäubodenstadt Straubing und der Landkreis Straubing-Bogen einst und heute

Kapitel 1 .... Seite 22
Die Stadt Straubing und ihr Umland

Kapitel 2 .... Seite 62
Der Südwesten: Von Geiselhöring nach Mallersdorf-Pfaffenberg

Kapitel 3 .... Seite 80
Von der Donau in den Bayerischen Wald: Die Stadt Bogen und ihr ehemaliger Landkreis

Bemerkungen zur Fotografie, Ortsregister, Danksagungen und Impressum .. Seite 138

Straubing und der Landkreis Straubing-Bogen
Landkreis Straubing-Bogen
Niederbayern
N
0 km
10 km
STRAUBING
BOGEN
GEISELHÖRING
Mallersdorf-Pfaffenberg
Donau
Leitzendorf
Rattenberg
Konzell
Stallwang
709 Gallner
Wiesenfelden
Falkenfels
Rattiszell
Haibach
Haselbach
Ascha
Mitterfels
Neukirchen
Sankt Englmar
Predigtstuhl 1024
Pröller 1048
Hirschenstein 1095
Steinach
Hunderdorf
Perasdorf
Windberg
Schwarzach
Parkstetten
Kirchroth
Aholfing
Rain
Atting
Nieder-winkling
Aiterhofen
Perkam
Feld-kirchen
Salching
Straßkirchen
Irlbach
Mariaposching
Ober-schneiding
Leiblfing
Reißing
Hankofen
Hailing
Laberweinting
Schwimmbach
444
Allkofen
Sallach
Grafentraubach
Pfaffenberg
Hofkirchen
Oberlindhart
REGENSBURG
NEUTRAUBLING
WÖRTH a. d. Donau
VIECHTACH
DINGOLFING
LANDSHUT
Wallersdorf
Ergoldsbach
Essenbach
G
Ä
U
B
O
D
E
N

Grußwort des Landrats Josef Laumer

Liebe Leserinnen und Leser,

der Landkreis Straubing-Bogen ist vielfältig und hat einiges zu bieten. Das werden Sie sicherlich beim Durchblättern dieses schönen neuen Bildbandes schnell feststellen können.

Dieses Buch gibt einen umfassenden Überblick über die verschiedenen, sehr abwechslungsreichen Topografien unserer Region – vom Bayerischen Wald über die Donau bis hin zum Gäuboden und dem Labertal.

Die Bilder zeigen urbanes Leben, historische Gebäude und Plätze, Tradition und Brauchtum im Wandel der vier Jahreszeiten. Damit ist diese Neuerscheinung eine attraktive Visitenkarte und ein authentisches Porträt unserer schönen Heimat geworden.

Die Fotos sind von hoher Qualität, brillant in der Bildkomposition und der Motivwahl; und durch die Verwendung einer Drohne findet man auch viele ungewöhnliche Blickwinkel und überraschende Perspektiven, manchmal wirken die Ansichten in einem besonderen Licht fast mystisch.

Die Region Straubing-Bogen mit dem Landkreis Straubing-Bogen und der kreisfreien Stadt Straubing bietet neben der gepflegten Naturlandschaft auch ein großes Angebot an kultureller Vielfalt und verfügt über eine lange geschichtliche Vergangenheit und Historie.

Die Geschichte hat bei uns überall ihre Spuren hinterlassen! Sogar die in aller Welt bekannten weiß-blauen Rauten des Bayernwappens stammen von hier – die Stadt Bogen und der Landkreis sind die „Heimat des Bayerischen Rautenwappens".

Mein besonderer Dank gilt dem Fotografen Kai Ulrich Müller, der seit Jahren auf der Suche nach den besten Motiven in seiner Wahlheimat unterwegs ist, und dem Battenberg Gietl Verlag, der diesen schönen Bildband herausgegeben hat.

Mit seiner Bildauswahl zeigt der international bekannte Fotograf und erfahrene Bildautor viel von der einzigartigen Landschaft und den historischen Zeugnissen der Kultur in nahezu allen Orten des Landkreises.

Sie werden sehen – unsere Region ist lebens- und liebenswert. Überregional bekannt sind nicht nur die Tourismusgemeinden im Bayerischen Wald im nördlichen Landkreisteil. Wir verbinden Tradition mit Zukunft und unsere Bewohnerinnen und Bewohner profitieren nicht nur von einer hervorragenden Infrastruktur, sondern können dort leben, wo andere Urlaub machen.

Entdecken Sie also nun den Landkreis Straubing-Bogen und tauchen Sie anhand der Bilder ein in die Vielfalt und Schönheit.

Wappen des Landkreises Straubing-Bogen

Mit herzlichen Grüßen
Ihr

Josef Laumer
Landrat

Grußwort des Oberbürgermeisters Markus Pannermayr

Liebe Leserinnen und Leser,

©Barbara Rötzer

Straubing ist Vielfalt: dankbar für die historische Vergangenheit und eine beeindruckende mittelalterliche Stadtkulisse, gleichzeitig aber nach vorne gewandt, modern und leistungsstark. Der familiäre Charme der Donaustadt und die Aufgeschlossenheit ihrer rund 48.000 Bewohner sorgen für hohe Lebensqualität und ein abwechslungsreiches Freizeit- und Veranstaltungsangebot. Wir legen Wert auf eine ökonomisch, aber auch ökologisch und sozial zukunftsfähige Entwicklung der Stadt. Als „Region der Nachwachsenden Rohstoffe" ist Straubing überregional anerkannt. Seit 2017 trägt Straubing den Titel Universitätsstadt.

Das historische Erbe unserer Stadt spiegelt sich in zahlreichen sehenswerten Baudenkmälern wider: der stimmungsvolle Friedhof St. Peter, der mächtige Stadtturm, die Basilika St. Jakob oder das Karmelitenkloster und die barocke Ursulinenkirche, letztes Werk der Gebrüder Asam, sind nur einige Beispiele. Das Gäubodenmuseum glänzt unter anderem mit dem weit über die Stadtgrenzen hinaus berühmten Römerschatz und einer spektakulären Bajuwaren-Abteilung. Demnächst öffnet das Erlebnismuseum Nawareum seine Pforten.

Im Tiergarten Straubing erwarten die Besucher rund 1.700 exotische und einheimische Tiere 200 verschiedener Arten im größten Zoo Ostbayerns. Hochklassigen Sport bieten die Straubing Tigers im Eishockey, Nawaro Straubing im Volleyball sowie die Straubing Spiders im American Football. Auch für diejenigen, die sich lieber selbst aktiv bewegen, hat Straubing jede Menge zu bieten. Die Nähe zum Bayerischen Wald lädt ein zum Mountainbiken oder Wandern.

Das ganze Jahr über findet sich in Straubing ein prall gefüllter Veranstaltungskalender: Theater, Ausstellungen und Musikfestivals finden dabei ebenso ihren Platz wie Christkindlmarkt oder lange Einkaufsnacht. Alle vier Jahre erzählen die Agnes-Bernauer-Festspiele im Hof des Herzogsschlosses von der tragischen Liebesgeschichte zwischen Agnes Bernauer und Herzog Albrecht. Jedes Jahr Mitte August feiern Einheimische und Gäste elf Tage lang Straubings „fünfte Jahreszeit", das Gäubodenvolksfest, das als zweitgrößtes Volksfest Bayerns jährlich über 1,4 Millionen Besucher anzieht. Direkt damit verbunden ist die Ostbayernschau, eine große Verbrauchermesse mit rund 700 Ausstellern – und das bei freiem Eintritt.

Unsere Heimat hat wahrlich viel zu bieten. Dem Fotografen Kai Ulrich Müller ist es auf wunderbare Art und Weise gelungen, zahlreiche dieser Facetten in beeindruckenden Bildern einzufangen. Ich hoffe, dieser Bildband macht Ihnen Lust darauf, einiges davon auch einmal persönlich zu erleben, und wünsche Ihnen viel Spaß beim Lesen und Genießen. Seien Sie versichert: Ein Besuch in der Region Straubing lohnt sich immer. Wir freuen uns auf Sie!

Wappen der Stadt Straubing

Mit herzlichen Grüßen
Ihr

Markus Pannermayr
Oberbürgermeister der Stadt Straubing

Niederbayern von seiner schönsten Seite

Die Gäubodenstadt Straubing und der Landkreis Straubing-Bogen einst und heute

Schon in alten Zeiten teilte der zweitgrößte Strom Europas, die Donau, das Straubinger Land in zwei deutlich unterschiedliche Landschaftsräume ein: den weiten, flachen, fruchtbaren Gäuboden südlich der Donau und die bis knapp über tausend Meter hohen Berge des Vorderen Bayerischen Waldes nördlich der Donau. Unter ihnen fallen besonders das schon von Weitem gut erkennbare Gallnermassiv (709 Meter, zwischen Stallwang und Konzell) ins Auge und natürlich die höchsten Berge des Landkreises, der Pröller (1.048 m), der Predigtstuhl (1.024 m) und der Hirschenstein (1.095 m) im Osten des Landkreises.

Diese landschaftliche Einteilung spiegelt sich auch in den historischen Altlandkreisen wieder, aus denen der heutige Landkreis im Jahr 1972 zusammengesetzt wurde:

Der Kern des heutigen Landkreises – der Altlandkreis Straubing – bestand aus der Stadt selbst und einigen Gäuboden-Gemeinden rund um Straubing (in diesem Buch Kapitel 1). Das eigentliche Stadtgebiet von Straubing, das zur kreis-

Einer der Höhepunkte im Straubinger Festkalender: der große Volksfestauszug. Auf der Fahne das Stadtwappen von Straubing: oben zwei Rautenschilde der Grafen von Bogen, in der Mitte der silberne Pflug, der den Gäuboden symbolisiert und unten die goldende Lilie der Heiligen Afra von Augsburg.

freien Stadt wurde, vergrößerte man bei dieser Gelegenheit ebenfalls: durch die Eingemeindung der bisherigen Nachbargemeinden Alburg, Ittling, Kagers, Teile von Unterzeitldorn und Hornstorf (mit Sossau).
Hinzu kam dann bei der Gemeindereform 1972 die Region des Labertales mit den etwas umorganisierten Gemeinden Geiselhöring, Laberweinting und Mallersdorf-Pfaffenberg, die bis dahin zum Landkreis Mallersdorf gehörten (Kapitel 2). Der dritte im Bunde schließlich – der Altlandkreis Bogen – bestand aus der Stadt Bogen selbst und ihrem ehemaligen Landkreis (Kapitel 3), der sich bis hoch hinauf in den Vorderen Bayerischen Wald erstreckte, bis zu den Gemeinden Wiesenfelden, Loitzendorf, Konzell und Rattenberg. Vor der Reform gehörte auch noch die Gemeinde Bernried am Südhang des Hirschenstein zu Bogen, sie wurde jedoch dem Landkreis Deggendorf zugeschlagen.

Nicht nur der Landkreis, auch sein Wappen wird von der Donau, dargestellt von einem silbernen Wellenband, in zwei Hälften getrennt: Oberhalb findet sich eine silberne Madonna vor grünem Hintergrund (die Madonna des Bogenberges, die aus dem alten Bogener Wappen entnommen wurde), flankiert von zwei goldenen Ähren, die die Fruchtbarkeit des Gäubodens symbolisieren (und aus dem Wappen des Altlandkreises Straubing stammen). Die untere Hälfte des Wappens gibt das weiß-blaue bayerische Rautenwappen wieder, das in den Wappen beider Altlandkreise zu finden war und von den Grafen von Bogen stammt. Seit 1835 ist es im Herzschild der Könige Bayerns zu finden und in unserer heutigen Zeit dient es dem Freistaat als „Kleines Bayerisches Staatswappen". Nicht umsonst nennt sich der Landkreis Straubing-Bogen voller Stolz auch „Heimat des bayerischen Rautenwappens".
Straubing und der Landkreis Straubing-Bogen gehören zum sogenannten „Altbayern", also zu den Teilen Bayerns, die schon vor der Gründung des Königreiches Baiern im Jahr 1806 jahrhundertelang zu den Kerngebieten des von den Wittelsbachern beherrschten Herzogtums Baiern zählten. Wer sich wundert, warum jetzt gerade innerhalb desselben Satzes „Bayern" einmal mit „i" (Baiern) und einmal mit „y" (Bayern) geschrieben wurde: Das liegt daran, dass König Ludwig I. am 20. Oktober 1825 das Land offiziell in „Bayern" umtaufte (mit „y"), bis dahin wurde „Baiern" mit „i" geschrieben. Heute sind Straubing und sein Landkreis weit über seine Grenzen hinaus bekannt für ihr reiches niederbayerisches Kulturerbe, wie etwa das Gäubodenfest, das Englmarisuchen und die Rauhnächte von St. Englmar, die berühmten Agnes-Bernauer-Festspiele, die beliebte Bogener Kerzenwallfahrt oder der Schäfflertanz von Geiselhöring, um nur einige zu nennen. Neben der äußerst sehenswerten Herzogstadt Straubing, die auch außerhalb der Volksfestzeit durch ihre malerische Altstadt, das Gäuboden-Museum mit seinen weltberühmten Römermasken und den Straubinger Tierpark (den einzigen Zoo in ganz Niederbayern) bezaubert, kann der Besucher sowohl an den Ufern der Donau, im reizvollen Labertal zwischen Geiselhöring und Pfaffenberg oder in den Bergen und Tälern des Bayerischen Waldes so manches schöne Platzerl entdecken. Seien es herrliche Barockkirchen wie die atemberaubende Klosterkirche St. Peter und Paul von Oberalteich, einer der prachtvollsten Sakralbauten nördlich der Alpen, die herrliche Klosterkirche von Windberg oder die wunderschöne Basilika des Franziskanerinnenklosters von Mallersdorf, seien es einsame verfallene Burgruinen, wie in Haibach oder auf dem Gallner. Der sportlich aktive Besucher kann sich über ein großes Netz an Fahrradwegen und auf zahllose, meist sehr gut ausgeschilderte Wanderwege freuen.

Die letzten Strahlen der untergehenden Sonne tauchen Straubing in rotgoldenes Licht. Am Horizont das Tal der Kleinen Laber.

Die Stadt
Straubing
und ihr Umland

Modesalon Huber
EINHORN APOTHEKE

Straubing aus der Luft: links die Basilika St. Jakob, davor der Theresienplatz, rechts der Stadtturm, im Hintergrund die Donau und der Bayerische Wald.

Prächtiges niederbayerisches Ochsengespann beim Volksfestauszug auf dem Theresienplatz.

KOPP
33

D
SCHUBERT'S
BALLWERFEN
MIT 3
WURF
abräumen:
AUSWAHL!
ofenfrische
PIZZA
VIP
Lechner

Jubel, Trubel, Heiterkeit: Straubings Gäubodenvolksfest ist mit über einer Million Besuchern eines der größten Volksfeste Bayerns.

Das spektakuläre Niederfeuerwerk am Donau-Ufer im Rahmen des Gäubodenfestes.

Im Herzogsschloss von Straubing residierten einst die Herzöge von Bayern-Straubing. An seiner Ostfassade schmückt es ein großes Fresco des Heiligen Christophorus. Rechts neben dem Schloss der mittelalterliche Salzstadel, seit 1999 Sitz des Stadtarchivs und der Stadtbibliothek.

Advent
in Straubing

Festliche Beleuchtung des Stadtzentrums in der Adventszeit.

Die Gäubodenstadt Straubing

Im Raum Straubing lebten schon während der frühen Bronzezeit, also vor 5.000 bis 6.000 Jahren, bronzezeitliche Siedler, die man heute aufgrund von Ausgrabungsfunden im Raum Straubing auch als sogenannte „Straubinger Kultur“ oder „Straubinger Gruppe“ bezeichnet. Etwa vor 2.500 Jahren kamen die Kelten und legten eine erste Befestigung an, die sie „Sorviodurum“ nannten. Um Christi Geburt herum traten schließlich die Römer auf den Plan und blieben etwa 400 Jahre im Raum des heutigen Niederbayerns rechts der Donau.

Nach dem Zerfall und Untergang Westroms folgten die Bajuwaren. Wie es bei ihnen Sitte war, benannten sie das, was von der Römersiedlung noch übrig war, neu nach einem ihrer Anführer, einem gewissen „Strupo“, und so wurde aus Sorviodurum „Strupinga“. Nach dem Niedergang des Herrschergeschlechtes der Agilolfinger, aufgrund der Entmachtung Tassilos III. durch Karl den Großen, wurde das Herzogtum Baiern ins Fränkische Reich einverleibt. 1029 ging die Grundherrschaft über Straubing an das Augsburger Domkapitel über (von dem sich Straubing erst 1537 wieder freikaufen konnte). An diese Epoche erinnert auch heute noch die goldene Lilie im unteren Teil des Straubinger Stadtwappens, die für die offizielle Schutzherrin des Bistums Augsburg steht, die Heilige Afra. Im Jahr 1218 gründete der Wittelsbacher Herzog Ludwig der Kelheimer die Straubinger Neustadt, also das heutige Stadtzentrum, was dazu führte, dass die feierfreudigen Straubinger 2018 mit großem Rahmenprogramm eine schöne 800-Jahrfeier begehen konnten.

Eine erstaunlich anmutende historische Episode stellte die Bildung des Teilherzogtums Straubing-Holland dar, das 1353 infolge der komplizierten wittelsbachischen Erbteilung entstand und 1425 wieder zerbrach, weil die Straubinger Linie ausstarb.

Großes Bild oben:
Spielerischer Umgang mit der Perspektive: Equirektanguläres 180-Grad-Panorama der prächtigen Bürgerhäuser am Ludwigsplatz in einer kurzen Wolkenlücke.

Kleines eingefügtes Bild:
Originelles Fassadendetail an einem Bürgerhaus am Ludwigsplatz.

Links Mitte:
Im Vordergrund der Erzengel Michael mit Flammenschwert (am Fuße der Dreifaltigkeitssäule), im Hintergrund die Jakobsgasse und die Basilika.

Links unten:
Durch das historische Turmtor des Herzogsschlosses schritten einst die Herzöge von Bayern-Straubing. Heute der Steuerzahler, denn dahinter hat das Finanzamt Straubing seinen Sitz.

Rechts Mitte:
Historische Aufnahme: Vorne der Tiburtiusbrunnen auf dem Theresienplatz, dahinter das Alte Rathaus, noch mit unbeschädigtem Turm und Dachstuhl, aufgenommen vor dem fatalen Rathausbrand vom 25. November 2016, der den schönen alten Dachstuhl des Rathauses zum Entsetzen der Straubinger mit einer bis zu 15 Meter hohen Feuersbrunst vernichtet hat.

Rechts unten:
Zuschauermagnet: Straubings größter sportlicher Stolz sind die harten Jungs der Straubing Tigers, sie spielen in der höchsten Spielklasse: in der Deutschen Eishockey-Liga.

Es umfasste die in den Niederlanden und Belgien verstreuten Grafschaften Friesland, Hennegau, Zeeland und Holland mit den schon damals sehr wirtschaftsstarken Städten Amsterdam, Rotterdam und Den Haag, sowie in Bayern das sogenannte „Straubinger Ländchen“. Der Begriff „Ländchen“ ist allerdings in diesem Zusammenhang etwas irreführend, handelte es sich doch um Gebiete beträchtlicher Ausdehnung: die heutigen Landkreise Straubing-Bogen, Deggendorf und Regen, sowie Teile der Landkreise Regensburg (ohne die Stadt Regensburg), Kelheim, Passau (ohne die Stadt Passau), Freyung-Grafenau, Dingolfing-Landau und Cham bis hoch nach Waldmünchen und dazu noch das Schärdinger Land in Oberösterreich. Regiert wurden diese weitverstreuten Ländereien, die damals immerhin viele beschwerliche Tagesreisen (und nicht so wie heute ein paar Stunden mit dem PKW auf der Auto-

Großes Panoramabild oben:
Das eindrucksvolle Kirchenschiff der Basilika St. Jakob mit seinen markanten, schlanken weißen Säulen.

Kleines eingefügtes Bild:
Das „Mosesfenster" der Basilika stammt aus dem Jahr 1498 und basiert auf einem Entwurf von Albrecht Dürer.

Links unten und kleines eingefügtes Bild:
Der barocke Hochaltar der Klosterkirche der Karmeliten wurde 1741 erbaut.

Rechts unten und kleines eingefügtes Bild:
Die Fresken der Totentanzkapelle (neben der Agnes-Bernauer-Kapelle auf dem Gelände von St. Peter) wurden von dem Straubinger Künstler Felix Hölzl im Jahr 1763 erschaffen.

bahn) auseinanderlagen, von den beiden Hauptstädten Straubing und Den Haag aus. Diese seltsam anmutende Konstruktion funktionierte auf wirtschaftlicher Ebene so gut, dass in dieser Epoche der Aufstieg Hollands zu einer der wichtigsten Handelsmächte der damaligen Welt gelingen konnte und eine Menge Wohlstand auch in die bayerischen Ländereien von Straubing-Holland kam. Die Geschäfte gingen gut, die Künste florierten und es wurde viel gebaut, darunter auch die Basilika St. Jakob im Herzen Straubings, eine der eindrucksvollsten gotischen Hallenkirchen Bayerns.

Den absoluten Tiefpunkt seiner langen mittelalterlichen Geschichte erlebte Straubing im Dreißigjährigen Krieg (1618–1648), als die Stadt von den Schweden brutal erobert und gleichzeitig auch noch von einer der heftigsten Pestepidemien des Mittelalters heimgesucht wurde. Man schätzt, dass nur etwa 2.200 der 4.000 Einwohner Straubings diese geradezu biblische Doppel-Katastrophe überlebten.

Erst Anfang des 17. Jahrhunderts hatte sich Straubing wieder davon erholt und es ging erneut bergauf. Man hatte Jahrzehnte schlimmster existenzieller Not hinter sich und konnte sich wieder den schönen Künsten zuwenden. Nun begann die große Zeit des Barock, in die das Wirken vieler erstklassiger Künstler fiel, wie zum Beispiel der Gebrüder Asam, aber auch der berühmten Söhne Straubings, Josef Anton Merz und Mathias Obermayr, die dazu beitrugen, dass Straubings Kirchen aufs prächtigste im Geiste der (damals) neuen Zeit neu ausgestaltet wurden.

Heute ist die Stadt Straubing mit 47.800 Einwohnern hinter Landshut (ca 73.400 Einwohner) und Passau (ca. 52.800 Einwohner), die drittgrößte Stadt im Regierungsbezirk Niederbayern. Der gesamte Landkreis umfasst knapp 1.202 Quadratkilometer, was ihn von der Fläche her zum viertgrößten Landkreis in Niederbayern macht und von der Einwohnerzahl her mit über 101.000 Einwohnern sogar zum drittgrößten (wiederum hinter Landshut und Passau).

Die überaus prachtvolle barocke Innenausstattung der Ursulinenkirche entstand im Todesjahr von Cosmas Damian Asam 1739 und ist damit das letzte gemeinsame Werk der berühmten Asambrüder.

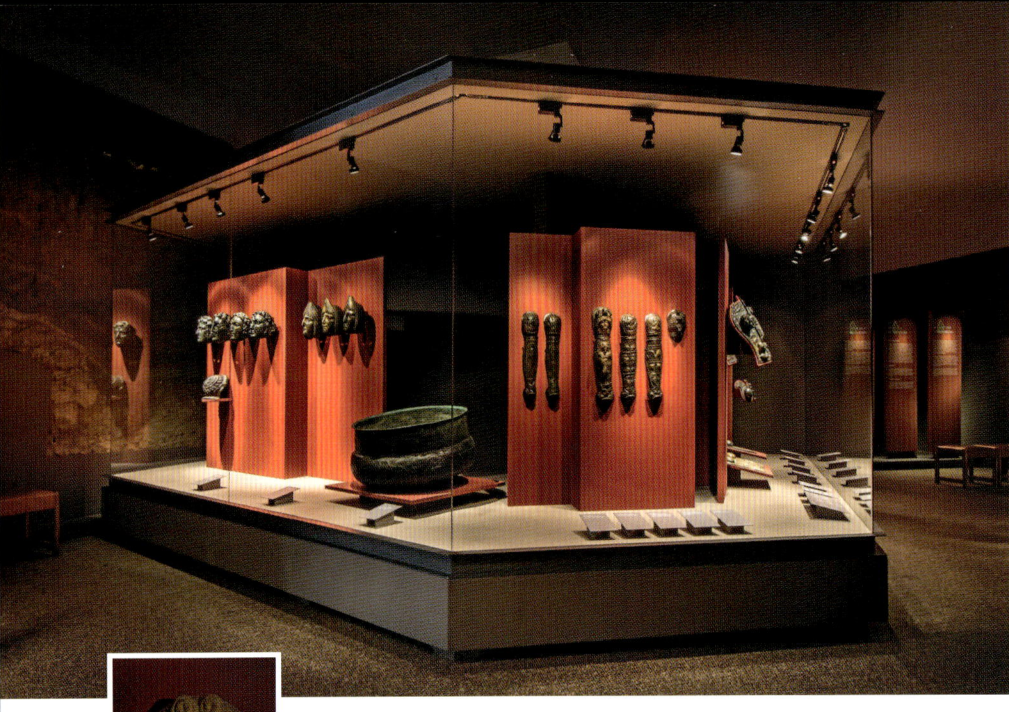

Kleines Bild links:
Polychrome Keramikmaske.

Links unten:
Im „Römerpark Sorviodurum" östlich des Stadtkerns sind noch Mauerreste aus dem ehemaligen römischen Lagerdorf (vicus) erhalten geblieben. Es lag direkt neben den Militärkastellen. Hier lebten vor 2.000 Jahren die Familien der Legionäre und die sonstige Zivilbevölkerung.

Links oben:
Die Vitrine mit den sieben Römischen Masken im Gäubodenmuseum gehört zu den Top-Attraktionen von Straubing.

Sorviodurum und die Römer

Die Geschichte Straubings ist über 400 Jahre lang eng verbunden mit der römischen Präsenz an der Donau. Etwa um Christi Geburt herum übernahmen die Römer den gesamten Donauabschnitt zwischen Regensburg und Passau. Er bildete ihre neue Außengrenze zu den Germanen und bestand aus einer Kette von Militärstützpunkten entlang der Donau. Einer davon war auch die bis dahin keltische Festung Sorviodurum, das heutige Straubing. Besonders zur Zeit der Markomannenkriege (166–180 n. Chr.) besaßen diese römischen Kastelle an der Donau zwischen Regensburg und Passau große militärstrategische Bedeutung.

Im Laufe ihrer Anwesenheit verlegten die Römer verschiedene Militäreinheiten nach Sorviodurum, um diesen Abschnitt der Reichsgrenze zu verstärken. Unter anderem wurde unter Kaiser Hadrian (117–138) die 1. Canathener Kohorte nach Straubing beordert, eine 1.000 Mann starke Bogenschützen-Spezialeinheit aus der Gegend der damals griechischen Stadt Kanatha, deren Ruinen momentan im südlichsten Zipfel des heutigen Syrien (bei der Stadt Bosra) im Wüstensand verwittern. Eine solche Einheit stellte in der antiken Welt eine erhebliche Schlagkraft dar und war sozusagen als „schnelle Eingreiftruppe" gedacht gegen germanische Verbände, die die Grenze vom Ostufer der Donau her bedrohten. Straubings einstige römische Kastelle sowie eine Siedlung („Vicus") mit Zivilisten, Handwerkern und Händlern lagen östlich vom Allachbach (etwa ab da, wo heute das Klinikum St. Elisabeth Straubing liegt, westlich von der heutigen Ostpreußischen Straße und nördlich von der Ittlinger Straße). Heute ist dieses Areal

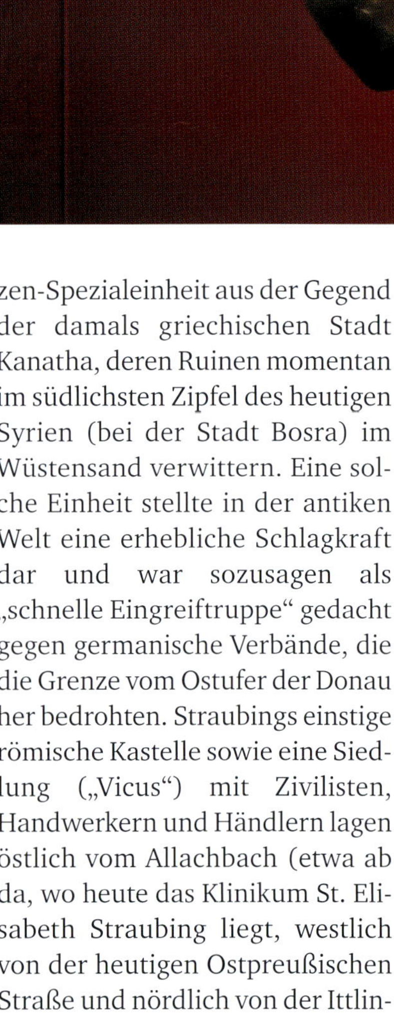

weitgehend mit Wohn- und Gewerbeimmobilien bebaut. An die römische Besetzung erinnert immerhin der östlich vom Krankenhaus liegende „Römerpark Sorviodurum“ mit interessanten Informationen über diesen Originalschauplatz römischer Geschichte.
Der spektakulärste archäologische Fund aus der Römerzeit im Raum Straubing (wenn nicht in ganz Deutschland) ist zweifelsohne der berühmte „Römerschatz von Straubing“, der am 27. Oktober 1950 in einem Kupferkessel 40 Zentimeter unter der Erdoberfläche im Bereich der Gemeinde Alburg (heute ein Ortsteil von Straubing) aufgefunden wurde. Und was zum Vorschein kam, war eine archäologische Sensation: Ein fast 2.000 Jahre alter Römerschatz, der unter anderem prächtig gearbeitete römische Beinschienen, Rossstirnen sowie sieben herrliche antike Gesichtsmasken, drei davon im orientalischen und vier im hellenischen Stil, enthielt, die glücklicherweise in Straubing verbleiben durften und heute im Gäubodenmuseum einen echten Besucher-Magnet darstellen.
Im Gäubodenmuseum gibt es aber nicht nur Exponate aus der Römerzeit zu bestaunen, auch die sonstige Stadtgeschichte Straubings kommt nicht zu kurz: Funde aus der Steinzeit, Sakralkunstwerke aus vielen Epochen und eine im Jahr 2018 eröffnete Ausstellung zur frühmittelalterlichen Geschichte von Straubing (und Baiern) warten auf den historisch interessierten Museumsbesucher.

Großes Bild rechts oben:
Drei der sieben Masken sind im orientalischen Stil angefertigt.

Kleines eingefügtes Bild:
Das Schild des Gäubodenmuseums in der Fraunhoferstraße.

Der Tiergarten Straubing

Der Straubinger Tiergarten wurde bereits 1937 gegründet und ist der einzige Zoo in ganz Niederbayern. Er beherbergt etwa 200 Tierarten und wird von über 300.000 Gästen im Jahr besucht, was für eine vergleichsweise kleine Stadt wie Straubing eine beachtlich hohe Zahl ist. Doch die Straubinger lieben ihren Tiergarten, was man auch unschwer an den zahlreichen Tierpatenschaften erkennen kann, die einzelne Bürger, Firmen und Vereine übernommen haben. Auch in der schwierigen Corona-Lockdown-Zeit, in der der Zoo ja immer wieder auf die Einnahmen aus Eintrittskarten verzichten musste, haben die Straubinger ihren Zoo tatkräftig unterstützt.

Man sollte immer daran denken, dass Zoos, vor allem moderne, gut geführte Zoos, heutzutage keine Tierverwahrungsanstalten zur Ergötzung des Publikums sind. Das war leider im 19. Jahrhundert meistens der Fall, als man fast nichts über Tierhaltung wusste und die Tiere in triste, viel zu enge Käfige steckte. Heute halten seriöse Zoos die Tiere artgerecht in großen Freigehegen und, was ganz wichtig ist für den Artenschutz, züchten sie dort auch nach. Damit erfüllen sie eine ganz wichtige Aufgabe, denn wenn eine stark bedrohte Tierart wieder zahlreich

Links oben:
Nachwuchs bei den Sibirischen Tigern.

Links unten:
Pontischer Waxdick.

Kleines eingefügtes Bild:
Einen sehr guten Überblick über die Fischarten der Donau bietet das Aquarium des Zoos.

Rechts oben:
Wenn der gewaltige Straubinger Löwe brüllt, dann hört man das im ganzen Tiergarten.

Rechts Mitte:
Eine Gruppe Rosapelikane beim Donauaquarium.

Rechts unten:
Die Watussirinder sind eine sehr alte afrikanische Hausrinderrasse mit gigantischen Hörnern.

nachgezüchtet werden kann, dann können die Biologen in einer zweiten Stufe dazu übergehen, diese Nachzuchttiere in ihren ursprünglichen Lebensräumen auszuwildern. Durch entsprechende Erhaltungszucht- und Artenschutzprogramme konnten inzwischen weltweit mehr als 50 Tierarten erhalten werden, die in der freien Natur ausgestorben waren und die es heute ohne diese Zuchtprogramme in Zoos nicht mehr geben würde, wie etwa den kalifornischen Kondor, das Przewalski-Pferd oder das goldene Löwenäffchen. Ein sehr schönes Beispiel für eine solche Rettung in letzter Minute ist das auch im Tiergarten Straubing betreute Europäische Wisent. Dessen letzter freilebender Vertreter wurde 1927 im Kaukasus geschossen und damit wäre die Art ausgestorben gewesen, hätte man nicht in einigen Zoos noch insgesamt 12 Tiere auftreiben können, die dann zu einem Zuchtprogramm zusammengeführt wurden. Ab 1952 war man in der Lage, erste Exemplare wieder in die freie Wildbahn auszuwildern.

Der Tiergarten Straubing ist deshalb besonders stolz auf seine Zuchterfolge, nicht nur beim Wisent, sondern auch bei einigen weiteren äußerst selten gewordenen Tierarten. Dazu gehören zum Beispiel die sibirischen Amur-Tiger, die kobaltblauen Hyazinth-Aras, die Liszt-Äffchen und die seltenen Balistare. Wer den Tiergarten Straubing bei dieser Arbeit tatkräftig fördern möchte, dem stehen verschiedene Möglichkeiten zur Verfügung, zum Beispiel die Übernahme einer Patenschaft für ein Tier.

Links oben:
Gutgelaunte Bierzeltbesucher.

Links Mitte und links unten:
Beim großen Volksfestauszug kommen über 80 Vereine und Gruppen aus ganz Niederbayern.

Großes Bild rechts oben:
Bis spät in die Nacht herrscht Halligalli.

Kleines Bild:
Der Bruder Straubinger darf beim Volksfestauszug natürlich nicht fehlen.

Mitte rechts:
Prachtvoller Zuchtbulle bei der Zuchtbullenpräsentation im Rahmen der Ostbayernschau.

Mitte unten:
Überall Karussells, Jahrmarktbuden und Festzelte.

Das Gäubodenvolksfest

Zur Förderung Ostbayerns initiierte König Maximilian I. im Jahr 1812 ein landwirtschaftliches Vereinsfest, das abwechselnd alle paar Jahre in Landshut, Straubing und Passau abgehalten wurde und sich zu einem immer größeren Volksfest entwickelte. Seit 1898 schließlich wurde es ausschließlich in Straubing gefeiert, damals noch alle zwei Jahre. Seit 1962 findet es jährlich statt und gehört mit etwa 1,4 Millionen Besuchern hinter dem wesentlich größeren Münchner Oktoberfest (über sechs Millionen Besucher) und dem etwas größeren Nürnberger Volksfest (über zwei Millionen Besucher) zu den drei wichtigsten Volksfesten Bayerns. Traditionell wird es mit einem Riesenumzug, der in Straubing „Auszug" heißt, eingeleitet, bei dem um die 80 Vereine, Organisationen, Trachtengruppen, Brauereien und Musikkapellen mit Tausenden von Teilnehmern aus ganz Niederbayern es als eine Ehre betrachten, quer durch die Stadtmitte Straubings mitzulaufen bis auf den Festplatz Hagen, wo dann erst einmal alle durstig in die riesigen Bierzelte strömen. Dann wird „oozapft" und die „Musi" läuft zu ihrer Hochform auf. Während das Münchner

Oktoberfest längst vom Massentourismus und zahlungskräftigen Besuchern aus aller Welt gekapert worden ist und man dort von zahlreichen, mit kitschigen Phantasiedirndln und -Lederhosen verkleideten Touristen aus aller Welt umgeben ist, ist das Straubinger Gäubodenfest noch deutlich regionaler, bayerischer, wenn man so will. Sehr viele in echte, historische Regionaltrachten aus ganz Ostbayern gekleidete Einheimische schaffen so doch etwas mehr Authentizität und das Ganze wirkt deutlich weniger touristisch. Zeitgleich zum Volksfest-Rummel findet auf dem weitläufigen Gelände auch die Ostbayernschau statt. Sie hat sich mit rund 450.000 Besuchern zu einer der größten Verbrauchermessen Deutschlands gemausert, wo sich Privatleute, Handwerker und Firmen über die neuesten Produkte informieren. Begleitet werden die Festwochen durch allerlei Rahmenprogramme, wie etwa eine Zuchtbullenpräsentation, wo Züchter aus ganz Bayern ihre Top-Tiere einem Fachpublikum vorführen, in der Hoffnung, eine der begehrten Auszeichnungen zu ergattern. Abgerundet wird das 11-tägige Gäubodenfest, das immer am zweiten Freitag im August beginnt, mit einem spektakulären Niederfeuerwerk vor dem Straubinger Schloss und einer nächtlichen Lampion-Fahrt auf der Donau. Den Abschluss des Festes bildet traditionell das Großfeuerwerk am letzten Festtag, dazu wird der ganze Festplatz abgedunkelt, damit sich die Kaskaden der Raketen besonders schön am Nachthimmel abzeichnen können.

Riesiges Kettenkarussell auf dem Straubinger Gäubodenfest, im Hintergrund die Basilika St. Jakob, die mit 89,50 Metern noch etwas höher ist.

Der Stoff, aus dem Legenden entstehen

Die dramatische Liebesgeschichte der Agnes Bernauer

Eine der bekanntesten historischen Persönlichkeiten Bayerns dürfte ohne Zweifel die Baderstochter Agnes Bernauer sein. Das kann man auch daran erkennen, dass es vermutlich in jeder bayerischen Stadt eine Agnes-Bernauer-Straße gibt. Wann und wo genau sie geboren wurde, ist nicht eindeutig belegt, man nimmt aber an, dass sie um 1410 in Augsburg das Licht der Welt erblickte. Ihr Todesdatum und den Ort, wo sie umgebracht wurde, kennt man dagegen sehr genau, denn sie wurde am 12. Oktober 1435 in der Donau bei Straubing wegen ihrer in der damaligen Zeit gesellschaftlich nicht akzeptablen Verbindung mit dem Herzogssohn Albrecht III. ertränkt.

Im Prinzip kann man diese dramatische Liebesgeschichte auf zwei Arten interpretieren: Die eine Sichtweise der Geschichte sieht die „Bernauerin“, wie sie auch genannt wurde, als eine Art leichtes, aber gezielt vorgehendes Mädchen aus niederer Herkunft, die um des enormen gesellschaftlichen Auf-

Alle Fotos außer rechts Mitte und rechts unten: ***Szenenbilder aus der Agnes-Bernauer-Aufführung 2019.***

Rechts Mitte: ***Das Herzogspaar von 2015.***

Rechts unten: ***Historisches Gemälde in der Agnes-Bernauer-Kapelle.***

stiegs willen dem Fürstensohn Albrecht III. schöne Augen machte. Dafür wird oft angeführt, dass der Herzogssohn im Jahr 1428 die damals wohl sehr attraktive 18-Jährige in Augsburg in einem öffentlichen Bad kennenlernte. Sie war ja Tochter eines Baders und Bader betrieben im Mittelalter öffentliche Badehäuser, von denen es allerdings zwei Varianten gab: erstens, um sich mit heißem Wasser (ein großer Luxus im Mittelalter) zu waschen und seiner Körperpflege nachzugehen und zweitens, um sich ganz anderen Dingen zu widmen. Wie immer es auch in mittelalterlichen bayerischen Badehäusern zugegangen sein mag, Fakt ist, dass es keinerlei belastbare Beweise gibt, dass Agnes Bernauer wirklich als ein solches käufliches Mädchen in einem Badehaus tätig war.

Die andere Sichtweise ist die wesentlich romantischere: nämlich, dass es echte Liebe zwischen zwei jungen Menschen war, Albrecht III. sie heimlich heiratete und bereit war, sich für seine große Liebe auch mit seiner Familie anzulegen, die aus politischen und moralischen Gründen heftig gegen diese Verbindung opponierte. Allerdings rechnete er wohl nicht damit, dass sein Vater, Herzog Ernst I., so weit gehen würde, Agnes Bernauer hinter seinem Rücken verhaften und in der Donau skrupellos ertränken zu lassen.

Das Mittelalter war eben leider in seinen Moralvorstellungen (vor allem, wer wen heiraten durfte) sehr rigide und diese Geschichte zwischen Vater und Sohn ging so aus, dass Albrecht sich im Jahr darauf mit seinem Vater wieder versöhnte und 1436 standesgemäß die Adlige Anna von Braunschweig-Grubenhagen ehelichte.

Diese tragischen Vorkommnisse vor fast 600 Jahren bieten natürlich auch heute noch reichlich Stoff für Bücher und Theateraufführungen. Die bekannteste davon ist die Aufführung des Agnes-Bernauer-Festspielvereines e.V. in Straubing, die regelmäßig alle vier Jahre im Innenhof des Schlosses – also vor Originalkulisse – stattfindet.

Durch das bunte Herbstlaub wirkt dieses Foto vom Neuen Schloss von Steinach fast wie ein Landschaftsgemälde.

Das Straubinger Umland nördlich der Donau

Kirchroth, Parkstetten und Steinach

Verlässt man die Innenstadt von Straubing über die Donau-Insel Gstütt und die Agnes-Bernauer-Brücke auf der Chamer Straße Richtung Norden, dann erreicht man ein paar hundert Meter hinter Hornsdorf die Gemeinde Parkstetten (etwas über 3.200 Einwohner). Parkstetten ist eine typische Vorstadtgemeinde mit ausgedehnter Wohnbesiedlung, die bereits im Naturpark Bayerischer Wald liegt. Sie ist vor allem für ihre vielen Weiher und Fischteiche bekannt. Von Friedenhain aus ist es nicht mehr weit bis zum nördlich der Autobahn A3 gelegenen Kirchdorf Münster, das zur Gemeinde Steinach (knapp 3.200 Einwohner) gehört. Hier wurden ganz in der Nähe, in einer Höhle am Buchberg, über 50.000 Jahre alte Spuren einer Besiedelung durch die Neandertaler gefunden. Das architektonisch sehr reizvolle Ensemble der beiden Kirchen im Ortskern von Münster – St. Tiburtius und St. Martin – wurde im 12. Jahrhundert errichtet und geht auf eine Verlegung des Chorherrenstiftes 1157 vom Kloster Metten nach Münster zurück. Dort blieb es über 400 Jahre lang, bis es im Jahr 1581 im Rahmen der Gegenreformation nach Straubing, in die

Links oben:
Reizvolles Kirchen-Ensemble: St. Martin (links) und St. Tiburtius (rechts) im Ortskern von Münster, Gemeinde Steinach.

Links Mitte:
Das Wahrzeichen von Steinach: das Alte Schloss auf dem Burgberg.

Links unten:
Die Weiher von Parkstetten im goldenen Herbstlicht.

Rechts oben:
Der Blickfang von Pondorf: die Pfarrkirche Mariä Himmelfahrt.

Rechts Mitte oben:
Die Nebenkirche Johannes der Täufer in Weiher am Ortsrand von Oberzeitldorn, Gemeinde Kirchroth.

Rechts Mitte unten:
Schönes altes Wirtshausschild in Kirchroth.

Rechts unten:
Die katholische Wallfahrtskirche Hl. Blut in Niederachdorf.

Stadtkirche St. Jakob, verlegt wurde. Steinach, der Hauptort der Gemeinde und Sitz der Gemeindeverwaltung, liegt etwas weiter östlich und ist vor allem bekannt für sein weithin sichtbares Altes Schloss, das man sogar von der B20 aus sehr schön erkennen kann. Es befindet sich auf dem Burgberg, wo wohl schon im 10. Jahrhundert eine Ritterburg errichtet worden war, die man allerdings nur vermuten kann, denn es existieren keinerlei Urkunden mehr. In den folgenden Jahrhunderten wurde neu-, an- und umgebaut, heute befindet sich unter anderem der Schlossgasthof Steinach in dem altehrwürdigen Bauwerk.

Wendet man sich in Münster auf der Kirchrother Straße Richtung Westen, gelangt man über eine kleine Autobahnbrücke zur Gemeinde Kirchroth (3.800 Einwohner), die sich sehr schön nördlich entlang der Donau bis an die Grenze zum Landkreis Regensburg erstreckt. Kirchroth kam 1810 zu Bayern, davor gehörte es jahrhundertelang dem Hochstift Regensburg, also zum weltlichen Besitz des Fürstbischofs von Regensburg. In ihrer heutigen Form entstand die gesamte Gemeinde allerdings erst bei der Reform von 1978.

Das Straubinger Umland westlich der Stadt

Aholfing, Atting, Perkam und Rain

Von Kirchroth wäre es nur ein Katzensprung bis zur Gemeinde Aholfing (knapp 1.900 Einwohner), denn sie liegt genau gegenüber, am Südufer der Donau. Allerdings müsste man entweder hinüberschwimmen oder -rudern, denn zwischen den beiden Gemeinden gibt es keine Brücke. Aholfing – und dieser Teil des Gäubodens – gehörte jahrhundertelang zum Rentamt Straubing, bis es 1975 zusammen mit den bis dahin eigenständigen Gemeinden Obermotzing und Niedermotzing zur heutigen Gemeinde Aholfing zusammengefasst wurde.

Die Gemeinde Atting (ca 1.700 Einwohner) gehört ebenso wie Aholfing zur Verwaltungsgemeinschaft Rain. Auf ihrem Territorium liegt der Flugplatz Straubing-Wallmühle. Dieser Flughafen der Kategorie „Verkehrslandeplatz der Klasse 1" ist mit über 27.000 Starts und Landungen pro Jahr der wichtigste internationale Flughafen im Ostbayerischen Raum. Straubing-

Großes Bild links oben:
Der Straubinger Flughafen ist einer der wichtigsten Flughäfen Ostbayerns.

Links unten:
Die 1722 erbaute Pfarrkirche St. Bartholomäus von Niedermotzing mit ihrem spätgotischen Turm.

Rechts oben:
Das Rainer Schloss im Ortskern von Rain wurde 1976 frisch renoviert.

Rechts Mitte oben:
Das ehemalige Schlosswirtshaus in Rain neben dem Schloss ist ebenfalls sehr alt. Es stammt im Kern aus dem 16. Jahrhundert.

Rechts Mitte unten:
Die anmutige Dorfkapelle von Radldorf, Gemeinde Perkam, wird auch als „Brunner-Kapelle" bezeichnet.

Rechts unten:
Das Schloss Puchhof im gleichnamigen Ortsteil von Aholfing.

Wallmühle verfügt über einen ständig besetzten Tower, eine 1.450 Meter lange Start- und Landebahn, Zoll- und Grenzabfertigung für internationale Passagiere, modernste Satellitennavigation und 11 Hangars, in denen über 100 Flugzeuge stationiert sind.
Westlich der Kleinen Laber und südlich der Großen Laber liegt Rain, mit fast 2.900 Einwohnern die größte und wirtschaftsstärkste Gemeinde auf dieser Seite. Ein Stich von Michael Wenig aus dem Jahr 1721 zeigt sehr anschaulich, dass die Burganlage im Laufe der Jahrhunderte zu einem beachtlich großen, vierflügeligen Renaissanceschloss erweitert worden war, die im 19. Jahrhundert sogar vorübergehend den Fürsten von Thurn und Taxis gehörte. Leider ist heute nur noch ein Teil davon erhalten, in dem heutzutage die Gemeindeverwaltung, eine Bank und eine Gaststätte untergebracht sind.
Perkam (knapp 1.550 Einwohner) ist ebenfalls Teil der Verwaltungsgemeinschaft Rain, als deren südlichste Gemeinde. Die schon von Weitem gut erkennbare katholische Pfarrkirche Mariä Himmelfahrt im ältesten Ortsteil von Perkam, Thalkirchen, kann mit einem barocken Langhaus und einem viergiebeligen gotischen Turm aufwarten.

Das im altgotischen Stil errichtete Wasserschloss von Schambach (Gemeinde Straßkirchen) befindet sich in Privatbesitz und kann normalerweise nicht von innen besichtigt werden.

Gäuboden, wohin das Auge blickt

Das Straubinger Umland im Südosten

Die ganze Region südöstlich von Straubing umfasst den größten Teil des Gäubodens auf dem Gebiet des Landkreises Straubing-Bogen und gehörte auch schon vor der großen Gebietsreform von 1972 zum (Alt-)Landkreis Straubing, also zum engeren Umland der Stadt. Die ganze, auf dieser Doppelseite vorgestellte Region umfasst die Gemeinden Feldkirchen, Leiblfing, Salching, Oberschneiding, Aiterhofen, Straßkirchen und Irlbach, die alle gemeinsam haben, dass sie bis zum Horizont von den weiten, flachen und fruchtbaren Feldern des Gäubodens umgeben sind.

Feldkirchen (knapp 2.000 Einwohner) gehörte zur Zeit des Kurfürstentums Bayern einmal zum Rentamt Landshut. Die heutige Gemeinde entstand in Folge des Gemeindeedikts von 1818. Bekannt ist Feldkirchen vor allem für seine große Gäubodenkaserne bei Mitterhartshausen. Leiblfing (ca. 4.200 Einwohner) befindet sich ziemlich genau in der Mitte zwischen Straubing und Dingolfing im Tal der Aiterach und ist mit gut 78 Quadratkilometern die größte aller oben genannten Gemeinden. Die Gemeinde Oberschneiding (3.100 Einwohner) grenzt an ihrer Südostgrenze bereits an das Isartal. Salching (etwa 2.600 Einwohner) kann auf eine lange Geschichte zurückblicken, die Gemeinde wurde erstmalig in einer kirchlichen Urkunde des späten 9. Jahrhunderts erwähnt. 1978 erweiterte man sie um fast das gesamte Territorium der Gemeinde Oberpiebing. Auf dem Gebiet der Gemeinde Aiterhofen (knapp 3.400

Einwohner), genauer gesagt im Ortsteil Ödmühle, wurde ein linearbandkeramisches Gräberfeld aus der Jungsteinzeit ausgegraben, das mit 260 Gräbern zu den bedeutendsten Fundstellen dieser Art in Bayern gezählt werden kann. Schloss Geltolfing im Süden von Aiterhofen befindet sich mittlerweile in Privatbesitz und wird zur Zeit der Drucklegung dieses Buches gerade komplett saniert. Straßkirchen (ca. 3.400 Einwohner) wurde bereits 1140 erstmalig in einer Urkunde genannt. Zu den Sehenswürdigkeiten der Gemeinde zählen die Pfarrkirche St. Stephanus im Ortskern von Straßkirchen und das Wasserschloss in Schambach. Von Straßkirchen ist es nur noch ein Katzensprung zur Gemeinde Irlbach (etw. über 1.100 Einwohner), die sich entlang eines leichten Südostbogens der Donau erstreckt. Sie ist weithin bekannt für Schloss Irlbach aus dem 16. Jahrhundert und vermutlich noch ein wenig mehr für ihre über 500 Jahre alte Schlossbrauerei.

Großes Panoramabild oben:
Typisch für den Gäuboden: ein weiter Blick über große, fruchtbare Felder. Links oben im Hintergrund Straßkirchen mit der Pfarrkirche St. Stephanus.

Links Mitte oben:
Die leuchtend rote Filialkirche Mater Dolorosa in Opperkofen, Gemeinde Feldkirchen.

Links Mitte unten:
Der markante achteckige Kapellenturm des Irlbacher Schlosses.

Links unten:
Schloss Hienhart bei Oberschneiding mit der Schlosskapelle zur Schmerzhaften Muttergottes.

Rechts Mitte oben:
Der Blickfang von Leiblfing: die Pfarrkirche Mariä Himmelfahrt.

Rechts Mitte unten:
Eine der bekanntesten Wallfahrtskirchen des Gäubodens: die Wallfahrtskirche Maria Birnbaum in Matting bei Oberpiebing, Gemeinde Salching.

Rechts unten:
Die Pfarrkirche St. Margaretha im Zentrum von Aiterhofen stammt aus dem 13. Jahrhundert.

Der Südwesten

Von Geiselhöring nach Mallersdorf-Pfaffenberg

Abendstimmung über dem Kloster Mallersdorf, dem Mutterhaus der Armen Franziskanerinnen von der Heiligen Familie.

Geiselhöring, eine Stadt im Grünen. Blick auf den Rathausplatz und die Altstadt von Geiselhöring.

Die Pfarrkirche St. Peter und Erasmus im Herzen der Altstadt von Geiselhöring zählt zu den kunsthistorisch bedeutendsten Rokokokirchen Niederbayerns.

Im Kirchdorf Sallach ziehen das Schloss Sallach und die Kirche St. Nikolaus alle Blicke auf sich. Im Hintergrund die Berge des Vorderen Bayerischen Waldes.

Eines der schönsten Kirchenensembles in Bayern: die Wallfahrtskirche Mariä Himmelfahrt und die direkt daneben gebaute Kreuzkirche im Ortsteil Haindling.

Geiselhöring

Drittgrößte Stadt im Straubinger Land

Die drei heutigen Gemeinden Geiselhöring, Laberweinting und Mallersdorf, der westlichste Ausläufer des Landkreises Straubing-Bogen, bildeten früher den Kern des ehemaligen Landkreises Mallersdorf, mit Mallersdorf als Hauptort. Bei der großen bayerischen Gebietsreform von 1972 wurde dieser Altlandkreis neu aufgeteilt. Der größte Teil – mit Geiselhöring, Laberweinting und Mallersdorf – kam zum neuen Landkreis Straubing-Bogen. Einige Gebiete allerdings wurden abgetrennt und anderen Landkreisen zugeschlagen, wie zum Beispiel die Gemeinden Neufahrn und Ergoldsbach dem Landkreis Landshut, Süßkofen dem Landkreis Dingolfing-Landau oder Schierling, das dem Landkreis Regensburg zugeteilt wurde.

Geiselhöring, im Tal der Kleinen Laber gelegen, nimmt mit über 6.800 Einwohnern – nach Straubing und Bogen – den Rang der drittgrößten Stadt im Straubinger Land ein und kann auf eine lange Geschichte zurückblicken. Durch ihre günstige Lage zwischen Labertal und Gäuboden war die

Links oben:
Abendstimmung am Alten Rathaus von Geiselhöring, das aus dem Jahr 1525 stammt.

Drei Bilder links:
Farbenfrohe historische Giebelhäuser im Altstadtbereich.

Rechts oben und kleines eingefügtes Bild:
Der prachtvolle Hochaltar der Wallfahrtskirche Mariä Himmelfahrt in Haindling und der Rechte der beiden Chorbogenaltäre: der Gnadenaltar. Sie wurden vom Geiselhöringer Schreiner Thomas Lehner angefertigt.

Region schon in der Jungsteinzeit besiedelt. Bekanntestes Geiselhöringer Fundstück aus dieser Zeit ist der 6.000 Jahre alte sogenannte „Geiselhöringer Stier“, ein etwa 16 Zentimeter großes jungneolithisches Tonfigürchen, das 1985 bei Bauarbeiten in der Straubinger Straße ans Tageslicht kam. Im Jahr 1140 wird Geiselhöring erstmals unter dem Namen „Gisilheringen“ urkundlich erwähnt, was auf eine bajuwarische Namensgebung durch einen Stammesfürsten namens „Gisilher“ schließen lässt. Ihren hübschen Rathausplatz mit dem sehenswerten historischen Rathaus als Blickfang, umgeben von wohlgepflegten mittelalterlichen Giebelhäusern bekam die Gemeinde nach dem großen Brand von 1504, als große Teile des damaligen Ortskerns der Feuersbrunst zum Opfer fielen. Die weithin sichtbare Pfarrkirche St. Peter und Erasmus im Nordosten der Altstadt zählt zu den sehenswertesten Rokokokirchen Ostbayerns. Ihre herrlichen Deckenfresken stammen von dem äußerst talentierten bayerischen Maler Matthäus Günter, der seine Gesellenjahre beim Älteren der beiden berühmten Asambrüder, bei Cosmas Damian Asam, verbrachte. Sehr reizvoll sind auch die farbenfrohen Giebel der mittelalterlichen Bürgerhäuser Geiselhörings im Bereich der Altstadt, vor allem am Stadtplatz und am Viehmarktplatz. Ein weiterer Blickfang ist das große Storchennest auf der Alten Mälzerei. Wenn im Frühling die Jungen geschlüpft sind unternehmen die Altvögel weite Ausflüge in das ganze Labertal, wo man sie bei der Futtersuche beobachten kann. Geiselhöring ist weit über die Landesgrenzen hinaus bekannt für seinen historischen „Schäfflertanz“, der erstmals im Jahr 1893 aufgeführt wurde und seitdem in der Regel alle sieben Jahre in der Faschingszeit stattfindet, zuletzt 2019.

Rechts Mitte:
Das Storchennest auf dem stillgelegten Kamin der Alten Mälzerei wird jedes Jahr von einem Brutpaar bezogen, das hier seine Jungen großzieht.

Rechts unten:
Blick vom Stadtplatz Richtung Westen, auf die Kirche St. Jakob. Sie wird auch Linskirche genannt und ist die älteste Kirche Geiselhörings.

Laberweinting

Zwischen Geiselhöring und Mallersdorf-Pfaffenberg, ebenfalls im Tal der Kleinen Laber, liegt die Gemeinde Laberweinting, die 1972 aus neun zuvor selbstständigen Gemeinden gebildet wurde und heute etwa 7,6 Quadratkilometer umfasst, auf denen knapp 3.400 Einwohner leben. Die Kleine Laber findet man hin und wieder übrigens noch in veralteter Form als „Kleine Laaber" (mit zwei „a") geschrieben. Im Mittelalter gehörte Laberweinting lange Jahrhunderte unter dem Namen „Laberweimpting" zum Hochstift Regensburg. Damals wurde es sogar um ein stattliches Wasserschloss bereichert, Schloss Laberweinting, das inzwischen aber leider nicht mehr existiert. Das weithin sichtbarste Bauwerk im Laberweintinger Land dürfte heutzutage der mächtige Fernmeldeturm auf einer Hügelkuppe bei Hofkirchen sein, den man sogar von den Bergen des Vorderen Bayerischen Waldes aus erkennen kann. Er ist 103 Meter hoch, wurde 1979 errichtet und wird zur Ausstrahlung von Radioprogrammen genutzt.

Allkofen im Norden der Gemeinde direkt an der Bezirksgrenze zur Oberpfalz hat im Laufe seiner Geschichte zu Sünching, später zu Mallersdorf gehört, bevor es 1972 zu Laberweinting kam. Bekannt ist die Ortschaft für ihre Filialkirche St. Michael, deren Langhaus aus dem Jahr 1762 stammt. Im Ortsteil Grafentraubach ist ebenfalls noch ein kleines Schloss erhalten geblieben, das sich heute im Privatbesitz befindet.

Großes Bild linke Seite: **Blick auf den Ortskern von Laberweinting mit der Straubinger Straße und der Pfarrkirche St. Martin.**

Rechts oben: **Die Filialkirche St. Michael von Allkofen besticht durch ihre Innenausstattung.**

Rechts Mitte: **Das Schloss von Grafentraubach.**

Rechts unten: **Der Fernmeldeturm von Hofkirchen.**

Atemberaubend: Der herrliche Rokoko-Hochaltar des bayerischen Bildhauers Ignaz Günter im Inneren der Basilika von Mallersdorf, St. Johannes Evangelist.

Ganz im Westen

Mallersdorf-Pfaffenberg

Den westlichsten Zipfel des Landkreises Straubing-Bogen nimmt die Gemeinde Mallersdorf-Pfaffenberg (knapp 7.000 Einwohner) ein, die 1972 zusammengelegt wurde. Beide Ortsteile liegen auf den sanft ansteigenden, nördlichen Hügeln des Tals der Kleinen Laber im sogenannten tertiären Donau-Isar-Hügelland. Schon in der Römerzeit soll sich hier ein Kastell befunden haben, auf dessen Überresten nach dem Niedergang der Römer eine Burg erbaut wurde, die im 11. Jahrhundert im Besitz der Äbtissin Mathilde von Luppurg des Regensburger Stiftes Niedermünster war. Sie wurde nach ihr „Madilhardisdorf" genannt, eine Bezeichnung, von der sich das heutige „Mallersdorf" direkt ableitet. Im Jahr 1109 kamen die ersten Benediktinermönche aus Bamberg nach Mallersdorf und gründeten ein Benediktinerkloster, das nach bewegter mittelalterlicher Geschichte erst im Zuge der Säkularisation Bayerns 1803 aufgehoben wurde. Danach diente die Abtei ein paar Jahrzehnte lang weltlichen Zwecken: Der Bayerische Staat betrieb unter anderem ein Amtsgericht und vorübergehend sogar ein Gefängnis in den ehemaligen Klostermauern. 1869 erwarb die Ordensgemeinschaft der Franziskanerinnen von der Heiligen Familie einen Teil der Gebäude und verlegte ihr Mutterhaus von Pirmasens nach Mallersdorf. Kurz vor dem Ersten Weltkrieg war es dem Orden möglich, die in Staatsbesitz befindlichen restlichen Gebäude zu erwerben und damit den gesamten Klosterkomplex in Besitz zu nehmen. Heute leben und arbeiten rund 500 Ordensschwestern im Kloster Mal-

Großes Panoramabild oben: Die eindrucksvolle Südost-Fassade des Klosters Mallersdorf.

Links Mitte: Die schneeweißen romanischen Doppeltürme der Klosterkirche von Mallersdorf.

Beide Bilder links unten: Weit über die Grenzen des Landkreises Straubing berühmt: Die Klosterbrauerei von Mallersdorf unter der erfahrenen Leitung der Braumeisterin Schwester Doris.

Rechts Mitte: Der an ein Schloss erinnernde Zollhof von Pfaffenberg diente früher als Amtshaus.

Rechts unten: Die Pfarrkirche St. Petrus im Ortsteil Pfaffenberg.

lersdorf, darüber hinaus unterhält der Orden weitere Filialen in Bayern, der Pfalz und in Rumänien (Siebenbürgen). In Mallersdorf betreiben die Schwestern unter anderem eine Klosterrealschule für Mädchen, eine Imkerei und eine Klosterbrauerei. Nach ihrem arbeitsreichen Leben im Kloster oder bei Pflegebedürftigkeit und Krankheit steht den Schwestern das gleich nebenan gelegene Alten- und Pflegeheim St. Maria und das Schwesternkrankenhaus St. Elisabeth zur Verfügung.

Die Geschichte vom heutigen Ortsteil Pfaffenberg im Westen von Mallersdorf reicht bis ins 12. Jahrhundert zurück. Im Zuge der Gemeindereform von 1972 wurde Pfaffenberg, zusammen mit einigen weiteren Gemeinden, an Mallersdorf angeschlossen, mit dem es seitdem einen Doppelort bildet. Die Pfarrkirche St. Petrus wurde in den Jahren 1757 bis 1762 auf einer kleinen Anhöhe, direkt neben dem Zollhof, neu errichtet und zieht seitdem mit ihrem schlanken, weißen Kirchturm die Blicke auf sich.

Neben den beiden Hauptorten gibt es in der Gemeinde noch eine ganze Reihe hübscher Dörfer mit interessanten Dorfkirchen und Kapellen, wie etwa Oberlindhart, Unterhaselbach oder Oberellenbach, in dem sogar ein kleines Schloss steht, das allerdings in Privatbesitz ist und leider von der Öffentlichkeit nicht besichtigt werden kann.

Von der Donau in den Bayerischen Wald

Die Stadt Bogen und ihr ehemaliger Landkreis

Bogens Wahrzeichen: die Wallfahrtskirche Mariä Himmelfahrt auf dem Bogenberg.

Hoch über der Donau: der Bogenberg, der heilige Berg Niederbayerns.

Eine der bedeutendsten Wallfahrten Bayerns: die Holzkirchener Kerzenwallfahrt zum Bogenberg, bei der natürlich auch das Marienbildnis nicht fehlen darf.

Links oben:
Das Neue Rathaus von Bogen.

Links Mitte:
Das leuchtend rote ehemalige Bogener Bahnhofsgebäude wird heute als Bistro genutzt.

Links unten:
Die Holzkirchener Kerzenwallfahrt auf ihrem letzten Wegstück: vom Stadtplatz hinauf auf den Bogenberg.

Rechts oben:
Der historische Stadtplatz von Bogen mit der Stadtpfarrkirche St. Florian.

Rechts unten:
Ankunft der Kerze in der Wallfahrtskirche Mariä Himmelfahrt auf dem Bogenberg.

Die Stadt Bogen

Wiege des weißblauen bayerischen Rautenmusters

Die Stadt Bogen, am Fuße des in ganz Niederbayern bekannten Bogenberges (432 Meter) gelegen, kann auf eine lange und eigenständige Geschichte zurückblicken. Zuerst gehörte sie den Babenbergern, dann kam sie in den Besitz der Grafen von Bogen, die im 12. und 13. Jahrhundert eine der mächtigsten Adelsfamilien in Ostbayern waren. Leider erlosch das Geschlecht derer von Bogen am 15. Januar 1242 abrupt, als der etwas über fünfzig Jahre alte Albert IV., der letzte Graf von Bogen und Windberg, Vogt von Oberalteich und Windberg, kinderlos verstarb und alle seine Besitztümer an seinen Stiefbruder, den Wittelsbacher Herzog Otto II. fielen. Neben beträchtlichen materiellen Vermögenswerten, wie ausgedehnte Ländereien mit mehreren Ritterburgen in der ganzen Umgebung, war unter der Erbmasse auch das markante weiß-blaue Rautenwappen der Grafen von Bogen. Es wurde von den Wittelsbachern mit Entzücken übernommen (die Burgen natürlich auch) und ist heute nicht nur im großen und kleinen Staatswappen des Freistaats (wo es für „Bayern" als Ganzes steht) zu finden, sondern in der ganzen Welt als trendiges Symbol für „Bayern“ beziehungsweise „bayerische Lebensart“ bekannt.

Zur Stadt wurde Bogen erst spät, im Jahr 1952, erhoben. Bis zur großen Gemeindereform von 1972 besaß Bogen einen eigenen Landkreis bis hinauf in den Bayerischen Wald, der hier in diesem Buch das Kapitel 3 bildet. 1972 wurden die Stadt und ihr Landkreis in den neugegründeten Landkreis Straubing-Bogen integriert. Heute hat Bogen 10.200 Einwohner und ist die zweitgrößte und zweitwichtigste Stadt im Straubinger Land.

Kerzenwallfahrt auf den heiligen Berg Niederbayerns

Ein ganz besonderes Highlight im Festkalender der Stadt (und in dem von ganz Niederbayern) stellt die „Holzkirchener Kerzenwallfahrt zum Bogenberg“ dar. Sie zählt zu den ältesten und bekanntesten Wallfahrten Bayerns, die schon seit über 500 Jahren durchgeführt wird und bei der ein 13 Meter langer, wachsumwickelter Fichtenstamm als Kerze dient. Als Anlass gilt eine verheerende Borkenkäferplage, die die Wälder damals katastrophal geschädigt hatte.

Ein wahrer Augenschmaus barocker Kirchenbaukunst: die Klosterkirche St. Peter und Paul von Oberalteich. Im Bild: Albert der Selige.

Links oben:
Die ehemalige Klosterkirche St. Peter und Paul von Oberalteich.

Links unten:
Diese prachtvolle plastische Figurengruppe wird nur an ganz wenigen Feiertagen im Jahr enthüllt.

Ganze Seite rechts und kleines Bild links unten:
Die herrlichen Deckenfresken stammen von dem schwäbisch-bayerischen Kunstmaler Josef Anton Merz, an den in Straubing, Burggasse 16, eine Gedenktafel erinnert.

Oberalteich

Auf den Spuren von Cosmas Damian Asam

Im Bogener Ortsteil Oberalteich gibt es eine der schönsten Kirchen Bayerns, wenn nicht ganz Deutschlands zu bestaunen: Die ehemalige Klosterkirche St. Peter und Paul. In ihrem Inneren besticht sie mit üppiger, barocker Pracht, unter anderem mit Arbeiten von Matthias Obermayer und Cosmas Damian Asam, einem der beiden Asambrüder. Gegründet wurde sie um das Jahr 1100 als Benediktinerkloster vom Bogener Grafen Friedrich I.

Die Namensgebung „Altaich" bezieht sich auf das in der Nähe gelegene Altwasser der Donau „Altach". Da es im Jahr 1080 weiter stromabwärts, östlich von Deggendorf, bereits ein „Kloster Altaich" (Niederaltaich) gab, wählte man für das neugegründete Benediktinerkloster den Namen „Oberaltaich", beziehungsweise „Oberalteich". Während man bei der Kirche gelegentlich die alte Schreibweise – mit „a-i" – finden kann, wird die Ortschaft Oberalteich, inzwischen ein Ortsteil von Bogen, immer mit „e-i" geschrieben.

Im Jahr 1614 bekam das Kloster mit Abt Veit Höser einen vielseitig talentierten und tatkräftigen Mann an die Spitze. In äußerst schwierigen Zeiten, nämlich während des Dreißigjährigen Krieges (1618–1648), brachte er einen atemberaubend prächtigen Neubau zustande, der alles bisher Dagewesene in den Schatten stellte und heute mit Sicherheit zu den sehenswertesten barocken Kirchenbauten außerhalb Italiens zählt.

Zwischen Mariaposching und Stephansposching verkehrt seit 2019 die funkelnagelneue Autofähre „Posching". Im Hintergund ganz links der Gallner, rechts die „Hausberge" von Deggendorf.

KASSE

Links oben:
Die Pfarrkirche St. Wolfgang und St. Johannes von Niederwinkling.

Links Mitte oben:
Die spätbarocke Filialkirche St. Koloman von Lenzing.

Links Mitte unten:
Historisches Foto: Die 2016 gesunkene alte Gierseilfähre von Mariaposching.

Links unten:
Schloss Loham im Ortsteil Loham.

Rechts oben:
Blick auf die Donau. Am linken Ufer Mariaposching. Am Horizont die Deggendorfer Hausberge und der Brotjacklriegel.

Kleines Bild:
Der einzige Donaufischer im Landkreis.

Rechts unten:
Die Holzkirchener Kerzenwallfahrt führt auch durch Welchenberg.

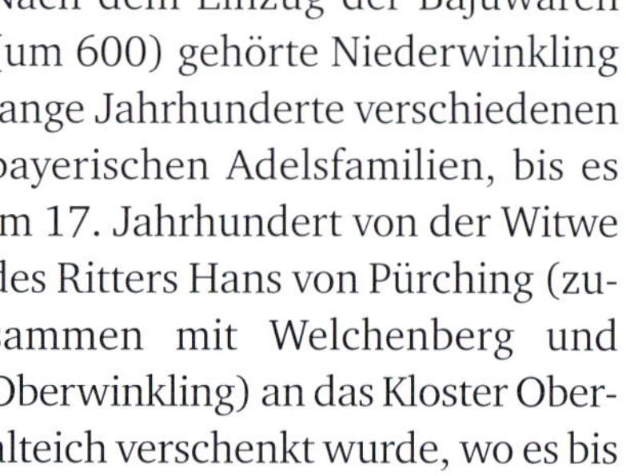

Entlang der Donau Richtung Osten

Niederwinkling und Mariaposching

Die Gemeinde Niederwinkling (2.800 Einwohner) erstreckt sich größtenteils zwischen Autobahn A3 und dem Nordufer der Donau in der sogenannten „Niederwinklinger Randbucht", einem Übergangsgebiet vom Bayerischen Wald zum Gäuboden. Es wird geformt von einigen bis zu knapp 400 Meter hohen Hügeln, die man noch als Ausläufer des Bayerischen Waldes ansehen kann, wie zum Beispiel dem Welchenberg. Schon vor 2.500 Jahren siedelten sich in der Region Kelten (später Römer) an und widmeten sich der Winzerei. Nach dem Einzug der Bajuwaren (um 600) gehörte Niederwinkling lange Jahrhunderte verschiedenen bayerischen Adelsfamilien, bis es im 17. Jahrhundert von der Witwe des Ritters Hans von Pürching (zusammen mit Welchenberg und Oberwinkling) an das Kloster Oberalteich verschenkt wurde, wo es bis zur Säkularisation Bayerns verblieb.

In unserer heutigen Zeit hat der Bau der Autobahn A3 und die dadurch gegebene günstige Erreichbarkeit der Gemeinde für die Ansiedlung von Industrie- und Ge-

werbebetrieben gesorgt und der Gemeinde einen wirtschaftlichen Aufschwung beschert.
Auch das knapp einen Kilometer südwestlich gelegene Welchenberg war früher ein Adelssitz mit inzwischen abgegangenem Schloss auf dem Schlossberg. Beide Orte, sowohl Niederwinkling als auch Welchenberg, bilden wichtige Stationen bei der Holzkirchener Kerzenwallfahrt, bei der die zentnerschwere Kerze durch Welchenberg sogar ein paar hundert Meter weit senkrecht getragen wird.
Mariaposching liegt genau in der Mitte zwischen Bogen und Deggendorf, zu beiden Städten sind es jeweils etwa 15 Kilometer. Zusätzlich ist die Gemeinde mittels einer kleinen regulären Autofähre mit der südlich der Donau liegenden, zum Landkreis Deggendorf gehörenden Gemeinde Stephansposching verbunden. Die Beschaulichkeit eines jahrzehntelangen, geruhsamen Fährbetriebes fand am 19. April 2016 ein jähes Ende, als die alte, fast 90 Jahre alte Fähre, eine sogenannte „Gierseilfähre“, durch unglückliche Umstände jäh sank. Die beiden Passagiere und der Fährmann wurden bei der Gelegenheit zwar ziemlich durchfeuchtet, konnten sich aber glücklicherweise selbst ans Ufer retten. Leider war die alte Fähre nach der Bergung nicht mehr einsetzbar und wurde mittlerweile durch eine äußerst schicke, neugebaute Motorfähre, die „Posching“, ersetzt, die seit April 2019 die beiden Donaugemeinden wieder miteinander verbindet.

Über Schwarzach nach Perasdorf

Ab dem späten 12. Jahrhundert wurde die Region um Schwarzach vom Adelsgeschlecht der Degenberger beherrscht, die als Ministeriale der Grafen von Bogen fungierten und ihre Stammburg auf dem knapp drei Kilometer nördlich von Schwarzach gelegenen Degenberg hatten. 1442 fielen sämtliche Ländereien der Bogener Grafen an die Wittelsbacher, die daraufhin auch Schwarzach und die Degenburg beanspruchten. Die Degenberger hatten sich aber inzwischen an ihre schöne Ritterburg gewöhnt und waren deshalb „not amused“ und so kam es, 1468 im sogenannten „Böcklerkrieg“, zum Showdown zwischen dem Wittelsbacher Herzog Albrecht IV. und dem „Böcklerbund“, der sich aus „Anti-Albrecht-Rittern“ des Bayerischen Waldes zusammensetzte. Einer der Gefolgsmänner Albrechts, Georg der Donnersteiner aus Haibach, konnte sich im Zuge dieser Auseinandersetzungen der Degenburg bemächtigen und die schöne

Links oben:
Blick auf Schwarzach mit der Pfarrkirche St. Martin und dem Bräuhaus am Marktplatz.

Links Mitte:
In der engen Schlucht des Bogenbaches zwischen Perasdorf und Kostenz springen jedem Durchfahrenden sofort die lustigen Wasserspiele an der Hauersäge ins Auge.

Links unten:
Zur Gemeinde Perasdorf gehört auch das Kloster der Barmherzigen Brüder in Kostenz, die hier ein Kinderheim, eine Tagungsstätte und ein Erholungshaus betreiben.

Rechts oben:
Perasdorf an der Ostflanke des Schellnberges mit der Pfarrkirche St. Laurentius.

Rechts Mitte:
Der Schwarzacher Hof war früher Teil der Schlossanlage Oberschwarzach.

Rechts unten:
Ruine der Burg Degenberg.

mittelalterliche Spornburg wurde komplett geschliffen, so dass außer einigen Mauerresten nichts mehr übrig blieb. In den Folgejahren versöhnte man sich wieder und 1473 errichtete Hans IV. von Degenberg mitten in Schwarzach ein neues Schloss: das Schloss Oberschwarzach am Marktplatz. Er konnte später bei Kaiser Friedrich III. die Reichsfreiheit erlangen und bekam obendrauf sogar das Privileg, in Schwarzach Weizenbier brauen zu dürfen. Heute präsentiert sich Schwarzach mit etwas über 2.800 Einwohnern als wirtschaftliches Kleinzentrum im Osten des Landkreises Straubing, mit der Gemeinde Bernried als östliche Nachbargemeinde, die bis 1972 ebenfalls zum Landkreis Bogen gehörte, aber bei der Gemeindereform an Deggendorf ging.

Nördlich von Schwarzach, im Gebiet der Gemeinde Perasdorf (540 Einwohner) erheben sich schon die ersten Vorberge des Hirschenstein-Massivs. Perasdorf gehörte einst zur Prämonstratenserabtei Windberg und wurde im Rahmen des Gemeindeedikts von 1818 zur eigenständigen Gemeinde, die heutzutage mit Schwarzach eine Verwaltungsgemeinschaft bildet.

Einer der schönsten Wasserfälle im Bayerischen Wald: Der Nagelsteiner Wasserfall zwischen Neukirchen und St. Englmar.

Schon der „normale" Ausblick vom Waldwipfelweg bei Maibrunn ist ein Erlebnis, aber wenn ein geradezu mystisch wirkendes Nebelmeer in den Tälern wogt, ist es einfach atemberaubend.

In der Thomasnacht treiben in St. Englmar die wilden Rauhwuggerl ihr Unwesen.

Die Prozession des Englmarisuchens in St. Englmar zählt zu den größten ihrer Art in Bayern.

Brauhausstraße

St. Englmar

Hohe Berge und altehrwürdiges Brauchtum

Einer der bekanntesten Ferienorte im Straubinger Land ist zweifelsohne St. Englmar (knapp 1.900 Einwohner) im Osten des Landkreises. Landschaftlich malerisch eingebettet zwischen den höchsten Bergen des Landkreises, dem Pröller (1.049 m), dem Predigtstuhl (1.024 m) und dem Hirschenstein (1.095 m), zieht die Gemeinde das ganze Jahr über ihre Feriengäste an. Den höchsten Berg im Landkreis Straubing, den Hirschenstein, erwandert man am besten vom Ortsteil Rettenbach (89 Einwohner) aus.

Hoch über die Bäume erhebt sich der Waldwipfelweg im Ortsteil Maibrunn. Auf gigantischen Säulen führt ein Weg aus Lärchenholz

Links oben:
Hier kann der Wanderer noch einmal so richtig tief durchatmen: Weiter Blick vom Aussichtsturm auf dem 1.095 Meter hohen Hirschenstein auf die Hügelketten von Neukirchen, wo gerade die Abenddämmerung beginnt.

auf Höhe der Baumkronen im Zickzack bis zum spektakulären, 26 Meter breiten und 52 Meter hohen neuen Waldturm, der 2021 fertiggestellt wurde und einen weiten Blick über die Berge des Vorwaldes und den Gäuboden bietet.

Der heilige Englmar und die Rauhwuggerl

Das seit etwa 1850 durchgeführte „Englmari-Suchen" in der Gemeinde St. Englmar zählt zu den kulturell bedeutendsten Veranstaltungen Bayerns. Jeden Pfingstmontag formen Hunderte von mittelalterlich kostümierten Mitwirkenden, viele Reiter und sogar ein Karren mit zwei gewaltigen Zugochsen eine Prozession von beachtlicher Länge, die sich zuerst einmal bis zum Kapellenberg begibt. Dort wird weiter oben im Wald der Körper des der Legende nach um das Jahr 1100 brutal ermordeten Heiligen (symbolisiert durch eine kunstvoll geschnitzte Holzskulptur) „gefunden", feierlich den Berg hinabgebracht und eine große Bergmesse abgehalten.
Ein Brauch ganz anderer Art findet in den dunkelsten Winternächten des Jahres statt: die St. Englmarer Rauhnacht. Zwischen der Wintersonnenwende, also dem 21. Dezember und dem 6. Januar, kommen im Bayerischen Wald und in den Alpen die berühmt-berüchtigten Rauhwuggerl – mancherorts auch „Perchten" genannt – aus den finstersten Winkeln der Bergwälder in die Ortschaften und treiben dort allerlei grobe Scherze mit der Bevölkerung, um solcherart, sozusagen als symbolischer Akt der Reinigung, das Böse auszutreiben. Auch in St. Englmar erscheinen, traditionell am 28. Dezember, der „Bluadige Dammerl", die „Haberngoaß", der „Drud" und die „Lucia" und toben bei der St. Englmarer Rauhnachtsparty über den Dorfplatz.

Rechts oben:
Die Pfarrkirche von St. Englmar wurde 1656 errichtet.

Rechts Mitte oben:
Im Winter sehr gut besucht: die Skipiste von Grün.

Rechts Mitte:
Der Schmelmer Hof in Rettenbach, befindet sich seit 1630 in Familienbesitz.

Rechts:
Rauhwuggerl von St. Englmar.

Rechts unten:
Gipfelkreuz des Pröllers.

Links unten:
In St. Englmar muss der Pfarrer reiten können: zum Beispiel bei der großen Prozession des Englmarisuchens.

Kleines eingefügtes Bild links unten:
Der berühmte Pfingstl von St. Englmar, die einzige bisher der Wissenschaft bekannte Baumart, die laufen kann.

Eine der schönsten Burgruinen im Landkreis Straubing: die Burgruine von Haibach auf dem 520 Meter hohen Hofberg.

Herbstnebel über Neukirchen im Perlbachtal.

An Christi Himmelfahrt findet in Neukirchen traditionell ein Flurumgang statt.

Vom Perlbachtal Richtung Norden

Neukirchen, Haibach und Elisabethszell

Wendet man sich von St. Englmar westwärts, so erreicht man über St. Egidi und Grün das Pfarrdorf Neukirchen im Perlbachtal. Es wurde 1126 unter dem Namen „Niuenchirichen" in einer Schenkungsurkunde des Klosters Oberalteich erstmalig erwähnt. Beim Anblick der malerisch von Oberkogl, Buchaberg und Urberberg (614 Meter) eingerahmten Bayerwald-Gemeinde fällt besonders die Mitte des 18. Jahrhunderts errichtete Pfarrkirche St. Martin mit spätbarocker Innenausstattung ins Auge. Die heutige Form der Gemeinde entstand 1976, als Obermühlbach (das bis dato eine eigenständige Gemeinde bildete) eingemeindet wurde. Später kamen noch die ehemaligen Hunderdorfer Ortsteile Dörnau, Birkhof und Rimbach dazu. Heute leben in Neukirchen etwa 1.750 Einwohner, zu seinen Sehenswürdigkeiten zählen das Haggener Schloss und die Filialkirche St. Pauli Bekehrung im Ortsteil Pürgl, eines der schönsten kleinen Kirchlein im Bayerischen

Links oben:
Ein Schmuckstück des Bayerwaldes: die Filialkirche St. Pauli Bekehrung im Neukirchener Ortsteil Pürgl.

Links Mitte:
Blick auf Haibach mit der Pfarrkirche St. Laurentius.

Links unten:
„Eschpernzell" (Elisabethszell), mit der Pfarrkirche St. Elisabeth.

Links unten kleines eingefügtes Bild:
Kleine Wegkapelle bei Ehren auf dem Wanderweg nach Elisabethszell.

Rechts oben:
Die Segnung eines neuen Einsatzfahrzeuges ist für jede freiwillige Feuerwehr ein Tag der Freude: wie hier bei der FFW Obermühlbach.

Rechts Mitte oben:
Das Neukirchener Schloss Haggn ist eine ehemalige Wasserburg aus dem 14. Jahrhundert.

Rechts Mitte unten:
Das Neukirchener Freilichtspiel („s' Lichtschpui") ist weit über die Grenzen des Landkreises Straubing-Bogen hinaus bekannt. Im Bild eine Szene aus „Wildernde Umständ".

Rechts unten:
Die Freiwillige Feuerwehr Sparr bei einer Übung und beim Aufstellen des Maibaums.

Wald, das durch seinen architektonisch harmonischen Trikonchos ins Auge fällt.

Von Pürgl aus ist es Richtung Norden nicht mehr weit bis nach Elisabethszell (700 Einwohner), das schon auf dem Gebiet der Gemeinde Haibach liegt und weit über die Grenzen Straubings hinaus einer der bekanntesten Fremdenverkehrsorte des Vorderen Bayerischen Waldes ist.

Zur Gemeinde Haibach (2.060 Einwohner) gehört auch der Hofberg mit seiner Burgruine, von der aus man einen sehr schönen Blick auf Haibach hat. Die altehrwürdige Ruine war schon im späten 10. Jahrhundert Stammsitz der Ritter von Haybecken, später Haibeck, aus deren Familiennamen auch der Ortsname hervorging. Zerstört wurde die Burg 1633/34 von den Schweden im Dreißigjährigen Krieg; was danach noch an Mauerwerk übrig war, verfiel in den langen Jahrhunderten, bis sich 1986 ein tatkräftiger Förderverein zur Erhaltung der Burgruine e.V. gründete und die Ruine 1990 sanierte.

Das Prämonstratenserkloster von Windberg mit der Pfarr- und Klosterkirche Mariä Himmelfahrt.

Hunderdorf und Windberg

Von Neukirchen aus ist es nur ein Katzensprung in die direkt benachbarte Gemeinde Hunderdorf, mit 3.200 Einwohnern eine der größten Gemeinden der Region. Der berühmteste Sohn des Dorfes dürfte zweifellos der „Muihiasl“ (Mühlhiasl) sein, der unter dem bürgerlichen Namen Matthäus Lang (in anderen Quellen auch Mathias Lang) 1753 (oder 1755, ganz genau weiß man es nicht) in der Mühle von Apoig geboren wurde. Von der Mühle, bairisch „mui-“, stammt der erste Teil seines Namens, und von seinem Vornamen Matthias, bairisch „Hiasl“, der zweite. Er wurde bis in unsere Zeit bekannt durch seine vieldeutigen Prophezeihungen, die anfangs allerdings nur mündlich überliefert wurden. So soll er beispielsweise beide Weltkriege ziemlich genau vorausgesagt haben.

Schon von Hunderdorf aus kann man die auf einer sanften, etwa 430 Meter hohen Hügelkuppe

Links oben:
Ein Augenschmaus barocker Kirchenbaukunst: die Pfarr- und Klosterkirche von Windberg.

Links unten:
Zur Wallfahrtskirche Heiligkreuz von Windberg gehört auch eine Eremitenklause, die auch heute noch von einer Eremitin bewohnt wird.

erbaute Prämonstratenserabtei Windberg und deren markantestes Bauwerk, die Kirche Mariä Himmelfahrt aus dem 12. Jahrhundert, gut erkennen. Sie liegt auf dem Gebiet der eigenständigen Gemeinde Windberg (1.100 Einwohner), die zusammen mit Hunderdorf und Neukirchen eine Verwaltungsgemeinschaft bildet. Gegründet wurde das berühmte Kloster im Jahr 1140 auf Initiative Alberts II., des Grafen von Bogen, der damals in Windberg in einer Ritterburg seinen Stammsitz hatte. Die alte Ritterburg der Bogener Grafen existiert heute leider nicht mehr, doch das Kloster überstand alle Widrigkeiten des Mittelalters und wurde im Laufe der Zeit immer prächtiger ausgestaltet. Zu den bemerkenswertesten Highlights bayerischer Kirchen gehören ganz sicher ihre vier prachtvollen Seitenaltäre, die der Straubinger Künstler, Stuckateur und Bildhauer Mathias Obermayr in den Jahren 1755/56 schuf. Sie bilden echte Höhepunkte des bayerischen Barocks, die auch im internationalen Vergleich zu den besten Werken dieser Epoche zählen.

Nachdem das Kloster 1803 säkularisiert wurde, dauerte es bis 1923, also 120 Jahre lang, bis der Klosterbetrieb durch niederländische Prämonstratenser wieder aufgenommen wurde. Heute zählt die Gemeinschaft der Kanonie von Windberg 29 Mitbrüder, von denen 15 ständig in Windberg leben, 11 in Roggenburg bei Neu-Ulm und 3 in Speinshart in der Oberpfalz.

Die nahe gelegene Wallfahrtskirche Heiligkreuz ist ein echtes Kleinod, mit einer äußerst gelungenen spätbarocken Ausgestaltung in ihrem Inneren. In der nebenan liegenden Eremitenklause wohnen und leben schon seit dem Mittelalter von der Kirche offiziell anerkannte Einsiedler und gelegentlich auch – wie aktuell zur Zeit – eine Einsiedlerin.

Rechts oben:
Das Schloss im Hunderdorfer Ortsteil Au vorm Wald befindet sich heute in Privatbesitz.

Kleines eingefügtes Bild:
Der spätgotische Altar im Inneren der Schlosskapelle St. Valentin besitzt einen Aufsatz im Stil der Spätrenaissance.

Rechts unten:
Die Pfarrkirche von Hunderdorf, St. Nikolaus, wurde in den Jahren 1935/36 errichtet.

Die Brunnenträgerin im alten Ortskern von Mitterfels erinnert an die Zeiten, in denen die Frauen des Dorfes noch täglich Wasser schleppen mussten.

Von der Menach zur Kinsach:

Mitterfels, Haselbach und Ascha

Die Gemeinde Mitterfels (2.800 Einwohner), etwa 3 Kilometer Luftlinie nordwestlich von Hunderdorf, ist bekannt für ihre Burg, die die Bogener Grafen Ende des 12. Jahrhunderts auf einem steilen Felsen oberhalb des malerischen Tals der Menach errichten ließen. Sie fiel nach dem Aussterben der Grafen der Bogen 1242 an die Wittelsbacher und wurde im Dreißigjährigen Krieg 1633/34 von den Schweden eingenommen und weitgehend zerstört. Später errichtete man auf dem Gelände wieder eine neue Schlossanlage, von der aber neben einigen mittelalterlichen Mauerresten nur noch das ehemalige Pflegerhaus, in der sich heute die Verwaltungsgemeinschaft Mitterfels befindet, und das ehemalige Gefängnisgebäude, in dem nun das Heimatmuseum seinen Sitz hat, erhalten geblieben sind. Direkt vor der Burg beziehungsweise der Brücke über den fast zwanzig Meter

Links oben großes Bild:
Blick auf Ascha, links oben im Hintergrund die Berge des Vorderen Bayerischen Waldes.

Kleines eingefügtes Bild:
Die Pfarrkirche Mariä Himmelfahrt von Ascha, davor das Gemeindehaus.

tiefen Burggraben ist der alte Dorfplatz zu finden, überragt von der Nebenkirche St. Georg, der ehemaligen Schlosskapelle.
Verlässt man Mitterfels auf der Bayerwaldstraße Richtung Norden, ist es nicht mehr weit bis zur Nachbargemeinde Haselbach (knapp 1.900 Einwohner), die ebenfalls zur Verwaltungsgemeinschaft Mitterfels gehört. Sie entstand in ihrer heutigen Form 1971, als die Gemeinde Dachsberg eingegliedert wurde. Bemerkenswert ist das Ensemble im Ortskern, das die Pfarrkirche St. Jakobus und die daneben liegende Friedhofskapelle Heiliges Kreuz, auch „Totentanzkapelle" genannt, bilden. Die spätbarocke Pfarrkirche beeindruckt in ihrem Inneren durch die herrlichen Malereien des bayerischen Kunstmalers Josef Wittmann aus Windisch-Eschenbach in der Oberpfalz. Die Totentanzkapelle wurde im 17. Jahrhundert erbaut und besticht vor allem durch ihre polychrom oktogonale Deckenkonstruktion und natürlich durch ihre Darstellungen des Todes. Die wurden dem Vorbild von Hans Holbein dem Jüngeren nachempfunden und spiegeln eindrucksvoll wider, dass das 17. Jahrhundert auch für das Straubinger Land und den Bayerischen Wald ein extrem hartes und grausames Jahrhundert des Krieges und der Pest war.
Die Gemeinde Ascha (etwa 1.650 Einwohner), die im Osten an Mitterfels und Haselbach grenzt, gehört ebenfalls zur Verwaltungsgemeinschaft Mitterfels. Sie wird im Westen von der Bundesstraße 20 und im Osten von der Kinsach eingerahmt. Ascha umfasst heute 26 Ortsteile, von denen einige 1946 auf Anweisung der amerikanischen Militärregierung hinzugefügt wurden, während die Gemeinde Bärnzell 1971 auf eigenen Wunsch hinzukam.

Links Mitte:
Das einstige Pflegerhaus von Schloss Mitterfels, heute Sitz der Verwaltungsgemeinschaft Mitterfels.

Links unten:
Unterhalb des Schlosses von Mitterfels heißt die Menach „Perlbach".

Rechts oben:
Originelle Deckenkonstruktion in der Totentanzkapelle

„Heiliges Kreuz" von Haselbach.

Rechts unten:
Ein Augenschmaus des Spätbarocks: die Pfarrkirche St. Jakobus von Haselbach.

Eine der schönsten Burgen im Straubinger Land: Die stolze Burg Falkenfels auf ihrem 507 Meter hohen Burgberg.

Der Nordwesten

Über Falkenfels nach Wiesenfelden

Wendet man sich von Ascha Richtung Westen, so erreicht man nach rund zwei Kilometern die Gemeinde Falkenfels (1.040 Einwohner), die ebenfalls noch zur Verwaltungsgemeinschaft Mitterfels gehört und sich in drei Ortsteile untergliedert: Dorf, Oberdorf und Oberhof. Ihre malerische Burganlage, die zu den Schönsten ihrer Art in Ostbayern zählt, geht ebenfalls auf die Grafen von Bogen zurück. Diese sehr betriebsame Adelsfamilie erwählte um das Jahr 1100 herum den 500 Meter hohen Falkensteiner Burgberg, um dort eine erste Ritterburg zu errichten. Es folgte eine äußerst bewegte Geschichte: 1425 wurde die Burg von den Hussiten geplündert, 1468 im Böcklerkrieg vom Wittelsbacher Herzog Albrecht IV. erobert und 1492 im Löwlerkrieg niedergebrannt und danach wieder aufgebaut. 1641, im Dreißigjährigen Krieg, wurde sie zur Abwechslung

von den Schweden abgefackelt. Man baute sie erneut auf, 1807 brannte sie schon wieder ab, wurde abermals wieder aufgebaut, brannte 1925 noch einmal teilweise ab und wurde ein weiteres Mal instand gesetzt. 1821 kam sie in private Hände, wurde immer mal wieder weiterverkauft und nun wird sie von ihrem jetzigen Besitzer als Burghotel und Restaurant genutzt. Ihr markantestes Bauwerk, der mächtige Bergfried, an dem man die Burg schon von Weitem gut erkennen kann, stammt aus dem 13. Jahrhundert.

Wiesenfelden (etwa 3.750 Einwohner) ist mit über 78 Quadratkilometern die größte und gleichzeitig die westlichste Gemeinde im Altlandkreis Bogen an der Grenze zur Oberpfalz. Sie wird erstmalig in einer kirchlichen Urkunde aus dem Jahr 1105 erwähnt und gehörte zwischen 1346 und 1488 dem Adelsgeschlecht der Haibeck, die ihre Stammburg in beziehungsweise oberhalb von Haibach hatten. Danach sah die Gemeinde über die Jahrhunderte hinweg verschiedene Herren, bis sie nach den Umwälzungen des Napoleonischen Zeitalters im Jahr 1806 im neu gegründeten Königreich Bayern ihren Platz fand. Ihre heutige Form erhielt die Gemeinde in den 1970er Jahren, als durch die damalige Neuordnung der Gemeinden Bayerns der Ortsteil Kragnmühl und die bis dahin selbstständige Gemeinde Heilbrunn hinzukamen, während andere Teile an die benachbarte (Oberpfälzer) Gemeinde Rettenbach gingen.

Wiesenfelden besitzt ebenfalls ein altes Schloss, das heute im Besitz von Hubert und Beate Weinzierl ist, die im Schloss und auf dem umliegenden, mit schönen alten Bäumen bestandenen Schlossgelände das preisgekrönte „Umweltzentrum Schloss Wiesenfelden" betreiben und sich in vielen Workshops und Veranstaltungen dem Thema „Umweltschutz" widmen.

Links oben: *Blick auf Zinzenzell (330 Einwohner) im Norden der Gemeinde Wiesenfelden mit seiner Expositurkirche St. Michael.*

Links Mitte: *Hier wird gerade Futterweizen geerntet, bei Zinzenzell.*

Links unten: *Die Schlossanlage von Saulburg im Süden der Gemeinde Wiesenfelden ist heute in Privatbesitz. Sie stammt im Kern aus dem 12. Jahrhundert.*

Rechts oben: *Das Umweltzentrum Schloss Wiesenfelden.*

Rechts Mitte: *Die Pfarrkirche von Wiesenfelden, Mariä Himmelfahrt.*

Rechts unten: *Schafherde bei Heilbrunn.*

Vor über 500 Jahren im Löwlerkrieg zerstört: die einsame Burgruine Höhenstein auf dem Gallner.

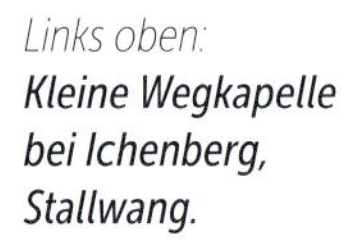

Links oben: Kleine Wegkapelle bei Ichenberg, Stallwang.

Links Mitte oben: Die Pfarrkirche St. Benedikt von Rattiszell wurde 1697 errichtet.

Links Mitte unten: Gelungenes Ensemble: das Herrenfehlburger Schloss mit der Kirche St. Thomas.

Links unten: Das Schloss von Haunkenzell.

Entlang der Westflanke des Gallners nach Norden

Von Rattiszell über Stallwang nach Loitzendorf

Rattiszell (knapp 1.500 Einwohner) liegt im Süden des Gallnermassivs im Tal der Kinsach, einem kleinen Bayerwald-Bach, der bei Sattelbogen (Gemeinde Traitsching in der Oberpfalz) seinen Ursprung nimmt. Friedlich murmelnd fließt er dann an Stallwang, Rattiszell und Ascha vorbei, um schließlich bei Bogen in die Donau zu münden. Der Gallner, der auf bairisch ungefähr wie „Goiner" ausgesprochen wird, ist mit 709 Metern zwar nicht der höchste, aber von seiner Form her einer der markantesten Berge des Landkreises Straubing-Bogen. Die Gemeinde Rattiszell erhielt ihre heutige Ausdehnung im Wesentlichen durch die Eingemeindung

Rechts oben:
Blick auf Stallwang mit der Pfarrkirche St. Michael, im Hintergrund überragt vom 709 Meter hohen Gallner.

Kleines eingefügtes Bild:
Relikt längst vergangener Zeiten: ehemaliges Kleinbauernhaus im Waldlerstil im Ortsteil Kagers.

Rechts Mitte:
Die Pfarrkirche St. Margaretha und die direkt daneben erbaute Friedhofskapelle St. Michael im Zentrum von Loitzendorf.

Rechts unten:
Wallfahrtskirche St. Ursula auf dem Pilgramsberg.

von Herrenfehlburg im Jahr 1927, Teilen der Gemeinde Eggerszell 1946 und Haunkenzell (mit Pilgramsberg) im Jahr 1978. Zu den augenfälligsten Sehenswürdigkeiten der Gemeinde zählen die Pfarrkirche St. Benedikt, das ehemalige Herrenfehlburger Schloss mit Filialkirche St. Thomas, das Haunkenzeller Schloss, das leider in ruinösem Zustand ist, die Haunkenzeller Filialkirche St. Martin und die katholische Wallfahrtskirche St. Ursula mit ihrem Kreuzweg auf dem Pilgramsberg.

Folgt man der Straubinger Straße (oder der Bundesstraße 20) Richtung Norden, so gelangt man über Niederkinsach nach Stallwang (knapp 1.400 Einwohner). Stallwang wurde schon im 8. Jahrhundert vom Kloster Pfaffenmünster (Steinach) unter der Herrschaft der Agilolfinger gegründet und besiedelt. Neben der reizvollen Lage an der hoch aufragenden Westflanke des Gallners sticht vor allem die Stallwanger Pfarrkirche St. Michael auf ihrem weithin sichtbaren Kirchberg ins Auge. Die sehr gelungenen Schnitzarbeiten an ihrem Hochaltar stammen von Mathias Obermayr, einem der bekanntesten bayerischen Stuckateure und Bildhauer.

Noch ein wenig weiter nördlich, schon an der Grenze zur Oberpfalz, erreichen wir die Gemeinde Loitzendorf, auch sie landschaftlich sehr anmutig gelegen an den nördlichen Ausläufern des Gallners. Mit 600 Einwohnern ist sie die bevölkerungsmäßig kleinste aller Gemeinden Straubings und gruppiert sich rings um ihre Pfarrkirche St. Margaretha aus dem Jahr 1721, die zusammen mit der direkt daneben liegenden Friedhofskapelle St. Michael aus dem Jahr 1712 ein reizvolles Ensemble bildet.

Einer der markantesten Berge des Straubinger Landes: der Gallner. Im Vordergrund der Südwesten von Haibach und der Ortsteil Neuvielreich.

RATHAUS

Blick auf Rattenberg mit seiner Pfarrkirche St. Nikolaus. Im Hintergrund der Große Riedelstein.

Der Norden

Konzell und Rattenberg

Zum Gebiet der Gemeinde Konzell (etwa 1.800 Einwohner) gehört der größte Teil des Gallnermassivs (710 Meter) mit seinen drei markanten Hauptgipfeln „Gallner, Kühlleite und Blumerberg", lediglich ein Teil der Westflanke (mit Burgruine Höhenstein) zählt zum Territorium der Gemeinde Stallwang. Etwas südlich von Konzell entspringt die Menach, die dann weiter durch Haibach, Haselbach und Mitterfels Richtung Donau fließt. Bei den Einheimischen ist der Ort wohlbekannt für sein „flüssiges Brot" der örtlichen Brauerei „Klettbräu", die bereits um 1600 herum von den Mönchen aus Ober- und Niederalteich gegründet wurde.

Die Gemeinde Rattenberg bildet den nördlichsten Zipfel des Landkreises Straubing-Bogen und grenzt an die Landkreise Cham und Regen. Rattenbergs Ortsname hat nichts mit „Ratten" zu tun, sondern bezieht sich, so vermutet man, auf einen alten Eigennamen, einen gewissen urkundlich erwähnten „Rapoto". Eine andere Vermutung geht dahin, dass sich das Wort „Ratten-" auf das (heute

Links oben:
Romantischer Sonnenuntergang über der Filialkirche St. Sixtus der Einöde Gallner auf dem Gallnerberg.

Kleines eingefügtes Bild:
Altes traditionelles Bauernhaus im Ortsteil Gallner.

Links unten und kleines eingefügtes Bild:
Die Wallfahrtskirche Mariä Geburt steht direkt neben der Burgruine von Neurandsberg.

Rechts oben:
Blick auf Konzell, mit der Pfarrkirche St. Martin.

Rechts Mitte oben:
Adventssingen der Siegersdorfer Feuerwehr in der Pfarrkirche St. Nikolaus von Rattenberg.

Rechts Mitte unten und rechts unten:
Der Nikolaus und sein Knecht Krampus besuchen Rattenberg.

nicht mehr gebräuchliche) Verb „reuten“ bezieht, was „(einen Wald) roden“ bedeutet.
Rattenberg (1.700 Einwohner) ist bekannt für seine Waldlerbühne, wo regelmäßig Bauerntheater-Stücke aufgeführt werden, und natürlich für seinen Nikolaus. Jeden 6. Dezember, also am Nikolaustag, kommen nämlich auf einem Pferdeschlitten der Nikolaus und sein Knecht Ruprecht, der im Bayerischen Wald „Krampus“ heißt, und verteilen an die Kinder der Gemeinde Süßigkeiten. Die Rattenberger legen durchaus Wert auf die Feststellung, dass es sich dabei NICHT um den „Weihnachtsmann“ handelt (der hauptsächlich unter der Bezeichnung „Santa Claus“ eine Public-Relations-Erfindung aus den USA ist), sondern um den echten „Nikolaus“, der sich auf den historisch belegten Bischof Nikolaus von Myra bezieht. Der heilige Nikolaus ist übrigens auch der Schutzpatron der Rattenberger, was sich auch im Gemeindewappen widerspiegelt: Der Widderkopf mit den goldenen Hörnern geht auf das Geschlecht der Ramsperger zurück, die auf der Burg von Neurandsberg residierten, und die drei gelben Kreise im Wappen symbolisieren die Äpfel des Nikolaus.

Bemerkungen zur Fotografie und zum Buch:

(Fast) der ganze Landkreis im Nebel. Dieses Foto sagt mehr als tausend Worte, wie viel Spaß es machen kann, im Straubinger Land zu fotografieren.

An den Fragen, die mir gestellt werden, erkenne ich, dass sich viele Leute für Fotografie interessieren und konkret dafür, wie und auf welche Art die Bilder für meine Bücher entstanden sind. Deshalb widme ich diese beiden Seiten dem Herstellungsprozess, auf Neudeutsch dem „making of" dieses Fotobildbandes.

Gleich vorneweg eine Bemerkung zum Thema „Motivauswahl und innere Aufteilung dieses Bildbandes": Über die Einteilung in nur drei Kapitel habe ich viel nachgedacht, denn eigentlich ist mir Kapitel 3 (Bogen und sein ehemaliger Landkreis) fast schon zu umfangreich. Ich hätte ja gerne weiter aufgeteilt, aber wie? Die Region beispielsweise in eine Ost- und eine Westhälfte zu trennen, hätte bedeutet, dass direkt nebeneinander liegende Gemeinden wie Neukirchen/Haibach oder Hunderdorf/Mitterfels in verschiedenen Kapiteln gelandet wären, und das erschien mir dann eher suboptimal.

Ein weiterer Punkt betrifft die Fotogenität des Themas: Straubing und sein Landkreis bieten eine solche Fülle an reizvollen Motiven (geschätzt gute tausend), dass man, wenn man nur Raum für etwa 160 Motive in einem Fotobildband hat, leider schweren Herzens Dutzende, wenn nicht Hunderte von ebenfalls sehr schönen Motiven weglassen muss. Was kommt rein, was leider nicht? Wie immer man sich entscheidet, es muss gesiebt werden.

Auch in diesem Buch habe ich wieder Foto-Drohnen eingesetzt, mit erstklassigen Kameras, wie man an der Bildqualität der entsprechenden Doppelseiten in diesem Buch unschwer erkennen kann. Das Besondere beim Arbeiten mit Drohnen im Falle der Stadt Straubing ist, dass ein beachtlich großer Teil der Stadt und einige umliegende Gemeinden in einer sogenannten RMZ (Radio Mandatory Zone) liegt, was bedeutet, dass er zum überwachten Luftraum des Flughafens Straubing-Wallmühle gehört. Aus diesem Grund benötigt man als Drohnenfotograf neben den sowieso üblichen Genehmigungen auch eine Startfreigabe des Flughafentowers. Nur dann (in Kontakt mit dem Tower) darf man seine Drohne legal über Straubing einsetzen, ansonsten ist es strikt verboten. Ich möchte auch jedem meiner Leser, der privat oder professionell eine Drohne benutzt, ans Herz legen, auf keinen Fall im Luftraum eines Flughafens illegal mit einer Drohne herumzuschwirren, denn etwas noch Dümmeres kann man (als Drohnenpilot) kaum machen. Die Flugzeuge und Hubschrauber kommen locker mit 200 Stundenkilometern daher und bei solchen Geschwindigkeiten würde auch eine DJI Mini 2 eine Cockpitscheibe durchschlagen (… und dann möchte man gar nicht daran denken, was in einem solchen Fall alles passieren kann …). Hat man aber nach entsprechendem Genehmigungsvorlauf eine solche Startfreigabe erhalten, ist es natürlich total angenehm, dass

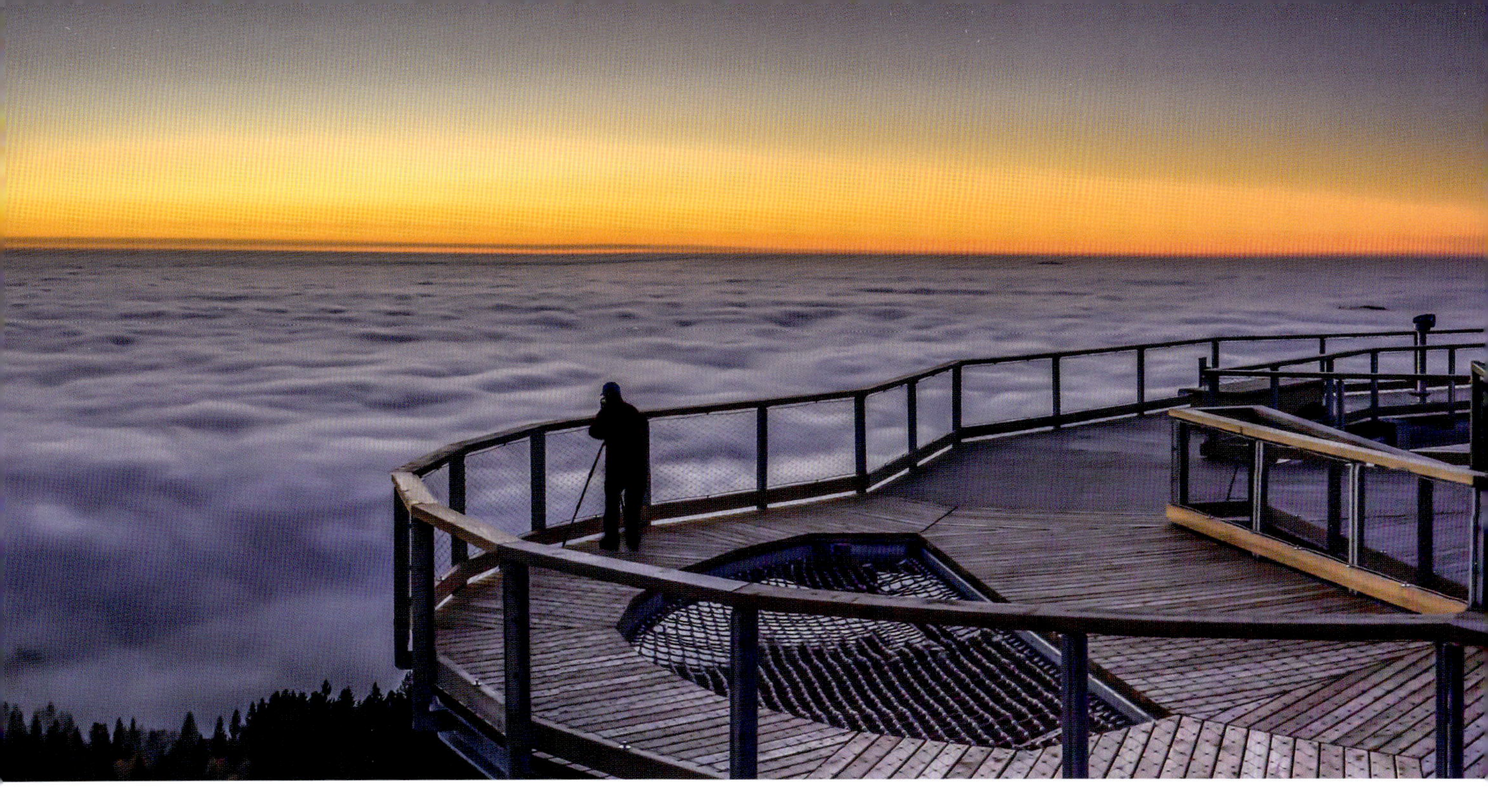

einem für ein paar wertvolle Minuten tatsächlich der Luftraum über Straubing „gehört“ und man seine Fotos machen kann. Was dabei in meinem Fall herausgekommen ist, können Sie in diesem Buch in Augenschein nehmen.

Zum Schluss noch eine Bemerkung zum Thema „Photoshop, Bildbearbeitung und künstliche Intelligenz“ (KI): Leider hat sich in den letzten Jahren die Entwicklung der KI (Künstlichen Intelligenz) auf der Ebene der Fotonachbearbeitung so stark weiterentwickelt, dass es inzwischen mit Hilfe in den letzten Monaten auf den Markt gekommener Programme möglich geworden ist, Bilder erheblich zu manipulieren, oder, sagen wir es deutlicher: erheblich zu verfälschen. Diese Programme tragen so klangvolle Namen wie „Himmel austauschen in weniger als fünf Minuten“ oder „Sky Swap, Himmel austauschen wie ein Profi“ – was an sich ein Widerspruch ist, denn ein echter Profi, also ein Könner, hat solche (noch nicht einmal billige) Tricksereien und Programme nicht nötig, er „swapt“ keine gekauften Himmel von anderen Fotografen in seine Bilder, sondern er hat das Können und den Ehrgeiz, selber „richtige“ Fotos mit authentischem Himmel zu fotografieren. Ich lege ausdrücklich Wert auf die Feststellung, dass meine Bilder – wie bisher in allen meinen Büchern – 100-prozentig echt sind! Ich habe in keinem einzigen Bild den Himmel ausgetauscht oder sonstiges „Composing“ betrieben, also irgendwelche Elemente (Blitze, Regenbogen, dramatische Gewitterwolken, Personen etc.) aus Fremdbildern hineinkopiert. Echte Bilder also, und die haben den großen Vorteil, dass sie besser sind als Fälschungen, denn ich finde, die echte Natur, die echte Sonne und das echte Licht sind immer noch die besten „Motivmacher“ in unserer Welt, da kommen „Computercomposer“ nicht mit und wenn sie noch so lange mit noch so vielen Programmen an ihren Fotos herumfummeln.

Die einzigen Nachbearbeitungen, die ich vornehme (und auch vornehmen muss, da eine Fotokamera anders „sieht“ als ein menschliches Auge), betreffen eine behutsame Nachjustierung der Belichtung, des Kontrastumfanges, der Farbtemperatur, der Sättigung (meistens eher weniger) sowie eine Korrektur von Objektivfehlern, wie etwa der chromatischen Aberration oder der Eigen-Verzerrung des Objektivs, sowie eine eventuelle Nachschärfung. In diesem Buch habe ich bei einem Bild einen Baukran entfernt, in einem anderen Bild ein unschönes Kabel und in einigen Bildern am Himmel Kondensstreifen. Allerdings nur wenige, denn wegen einer gewissen Corona-Krise waren im Produktionszeitraum für dieses Buch vergleichsweise wenig Flieger am Himmel. Überdies habe ich in diesem Bildband auch einige Male die Technik des „Stitchens“ eingesetzt, wie etwa auf obigem Bild, das aus 21 einzelnen Aufnahmen zusammengesetzt ist – alle ebenfalls unverfälschte Originalaufnahmen, die kurz hintereinander der Reihe nach gemacht und dann am Computer zusammengerechnet wurden.

Mehr Informationen zu meinen Projekten finden Sie unter www.kaiulrichmueller.de. Der nächste Titel der Reihe „Faszination Heimat“ (wieder ein spannendes Thema aus Ostbayern) ist schon in Arbeit und ein YouTube Kanal ist in Planung.

Ich hoffe, dass die vorliegende Auswahl gefällt und bei allen meinen Lesern einen bleibenden Eindruck hinterlässt, wie schön das Straubinger Land ist – ein wirklich starkes und fotogenes Stückerl Bayern.

Ortsregister

Aholfing . . . 56, 57
Aiterhofen . . . 60, 61
Alburg . . . 21, 43
Allkofen . . . 75
Ascha . . . 122, 123
Atting . . . 56, 57
Au vorm Wald . . . 119
Bogen, Bogenberg . . . 8, 21, 80–87
Degenberg . . . 96, 97
Elisabethszell . . . 114, 115
Falkenfels . . . 124, 126
Feldkirchen . . . 60, 61
Flughafen Straubing-Wallmühle . . 56
Gallner . . . 20, 92, 128, 130, 131, 132, 136
Gäubodenfest . . . 46, 47
Geiselhöring . . . 21, 64, 66, 72, 73
Grafentraubach . . . 75
Grün . . . 107
Haibach . . . 108, 114, 115, 132
Haindling . . . 70, 73
Haselbach . . . 122, 123
Heilbrunn . . . 127
Hirschenstein . . . U2, 20, 21, 97, 106
Hofberg . . . 108, 115
Hofkirchen . . . 75
Höhenstein . . . 128, 136
Hornstorf . . . 21
Hunderdorf . . . 118, 119
Ichenberg . . . 131
Irlbach . . . 60, 61
Ittling . . . 21
Kirchroth . . . 55
Konzell . . . 20, 136, 137
Kostenz . . . 97
Laberweinting . . . 21, 74, 75
Leiblfing . . . 60, 61
Lenzing . . . 94
Loitzendorf . . . 21, 130, 131
Maibrunn . . . 100, 106
Mallersdorf-Pfaffenberg . 21, 62, 76, 78
Mariaposching . . . 92, 94, 95
Matting . . . 61
Mitterfels . . . 120, 122, 123

Münster . . . 54, 55
Nagelsteiner Wasserfälle . . . 12, 98
Neukirchen . . . 110, 112, 114, 115
Neurandsberg . . . 136
Niederachdorf . . . 55
Niedermotzing . . . 56, 57
Niederwinkling . . . 94, 95
Oberalteich . . . 10, 21, 88, 90
Obermühlbach . . . 115
Oberschneiding . . . 60, 61
Oberzeitldorn . . . 55
Opperkofen . . . 61
Parkstetten . . . 54, 55
Perasdorf . . . 96, 97
Perkam . . . 56, 57
Pfaffenberg . . . 21, 79
Pilgramsberg . . . 131
Pondorf . . . 55
Predigtstuhl . . . 20, 106
Pröller . . . 20, 106, 107
Puchhof . . . 57
Radldorf . . . 57
Rain . . . 56, 57
Rattenberg . . . 21, 134, 136, 137
Rattiszell . . . 130
Rettenbach . . . 107
Salching . . . 60, 61
Sallach . . . 68
Saulburg . . . 127
Schambach . . . 58, 61
Schellnberg . . . 97
Schwarzach . . . 96, 97
Sossau . . . 21
Sparr/Pürgl . . . 115
St. Englmar . 14, 21, 102, 104, 106, 107
Stallwang . . . 20, 130, 131
Steinach . . . 52, 54, 55
Straßkirchen . . . 60, 61
Straubing . . . 2, 4, 6, 20, 22–51
Unterzeitldorn . . . 21
Weiher . . . 55
Welchenberg . . . 95
Wiesenfelden . . . 21, 126, 127
Windberg . . . 21, 116, 118, 119
Zinzenzell . . . 126, 127

Bildbände von Kai Ulrich Müller

KAI ULRICH MÜLLER
wurde in Württemberg geboren, wuchs in Bayern auf und lebt seit vielen Jahren im Bayerischen Wald (Landkreis Straubing Bogen). Schon während seiner Studentenzeit in Berlin entdeckte er seine Leidenschaft: die Fotografie, die er nach erfolgreichem Studium zu seinem Beruf wählte. Neben zahlreichen Veröffentlichungen in Reiseführern und Reisemagazinen hat er bisher 18 Foto-Bildbände und 2 Bildatlanten fotografiert mit Deutschland-Themen wie Berlin, Potsdam, Brandenburg, Schwäbische Alb und für die Battenberg Gietl Verlag GmbH die drei untenstehenden Bildbände. An internationalen Themen kommen Bildbände über Reiseziele in England, Schottland, Litauen, Lettland, Estland, China, Tibet, Pakistan, Nepal, Laos und Thailand hinzu.

»Der international renommierte Fotograf Kai Ulrich Müller hat sich mit „Faszination Oberpfalz", erschienen unter dem Imprint Buch- und Kunstverlag Oberpfalz, selbst übertroffen. Spannend setzt er unsere schöne Heimat in Szene: mit beeindruckenden Bildern unserer Oberpfälzer Städte, tollen Momentaufnahmen der hiesigen Bräuche, fotografischen Zeugnissen geschichtlich relevanter Orte und traumhaften Naturbildern.«

Axel Bartelt, Regierungspräsident Oberpfalz

Faszination Oberpfalz
Bildband inklusive DVD mit Luftfilmaufnahmen
1. Auflage 2019,
208 Seiten,
Format 24 x 32 cm,
durchgehend farbig,
Hardcover
ISBN
978-3-95587-045-4
Preis: 34,90 €

Faszination Bayerischer Wald
1. Auflage 2016,
244 Seiten,
Format 24 x 32 cm,
durchgehend farbig,
Hardcover
ISBN
978-3-86646-750-7
Preis: 29,90 €

»Stellen Sie sich vor, Sie durchreisen den Bayerischen Wald an einem Tag und erleben dabei alle Jahreszeiten, Bräuche, Feste, Naturerscheinungen. Sie stehen im morgendlichen Nebel am Arbersee, machen eine sommerliche Spritztour auf kurvigen Straßen und blicken in kristallklarer Winternacht auf vom Mondlicht beleuchtete Arbermandl. Man legt dieses Buch erst weg, wenn man alle Bilder aufgesogen, die Fernblicke bewundert, die Tierbilder studiert und die kulturellen Schätze gelesen hat.«

Ulrike Eberl Walter, Schöner Bayerischer Wald

»Der Fotograf und Autor Kai Ulrich Müller hat es in seinem Buch „Faszination Heimat – Stadt und Landkreis Schwandorf" hervorragend verstanden, viele liebenswerte und abwechslungsreiche Facetten unserer Stadt und das spezielle Lebensgefühl, das wir nur in unserer Heimatstadt Schwandorf erleben, festzuhalten.«

Andreas Feller, Oberbürgermeister Schwandorf

Faszination Heimat Schwandorf
1. Auflage 2020,
144 Seiten,
Format 21 x 29,7 cm,
durchgehend farbig,
Hardcover
ISBN
978-3-86646-388-2
Preis: 29,90 €

Danksagung

Für vielerlei Hilfestellungen und Fotogenehmigungen möchte ich mich bei folgenden Personen, Vereinen und Institutionen noch einmal ganz herzlich bedanken (Ich habe mir größte Mühe gegeben, alle Namen richtig und vollständig zu notieren, aber seid mir nicht böse, wenn sich doch noch der Fehlerteufel eingeschlichen hätte oder ich gar jemanden vergessen haben sollte.):

- Pfarrer Franz Alzinger, Katholisches Pfarramt St. Peter, Straubing
- Schwester M. Ruth Alberter, Schwester Asunta, Schwester Doris, Ordensgemeinschaft der armen Franziskanerinnen von der Heiligen Familie zu Mallersdorf (Mallersdorfer Schwestern)
- Pfarrer P. Dr. Dominik Daschner OPraem, Pfarramt Mitterfels
- Herr Nikolaus Eckl, Kirchenpfleger von Rattenberg
- Eremitin von Kreuzberg (Windberg)
- Herr Dr. Fischer und Frau Peschke, Agnes Bernauer Festspielverein e.V. Straubing
- Pfarrer Hofmann und Herr Brandl, St. Jakob, Straubing
- Pater Josef, Karmelitenkloster Straubing
- Familie Franz Knott, Münster
- Abt Hermann Josef Kugler, Prämonstratenserkloster Windberg
- Frau und Herr Länger, Pürgl
- Herr Dr. Joachim Lutz, München
- Fischereibetrieb Mayer, Straubing
- Herr Wolfgang Milde und sein Team, Autohaus Platzer, Laberweinting
- Prof. Dr. Günther Moosbauer, Gäubodenmuseum Straubing
- Frau Dr. Regina Mühlbauer, Landkreis Dingolfing-Landau
- Stadtpfarrer Dekan Josef Ofenbeck Pfarrei Hainsbach – Haindling
- Pater Joy Padakoottil, Pfarrei St. Georg Pfakofen/Expositur St. Michael Allkofen,
- Dr. Wolfgang P. Peter, Tiergarten Straubing
- Herr Robert Piermeier, St. Englmar, Rauhnacht
- Pater Michael Raj, Pfarrbüro Mallersdorf
- Herr Max Riedl, Straubinger Ausstellungs- und Veranstaltungs-GmbH
- Frau Angelika Rinkl und Festspielgruppe Neukirchen
- Pater Simeon Anton Rupprecht, Pfarramt St. Englmar und Pfarramt Neukirchen
- Frau Erika Sauer und Frau Ruth Burmann, Fleischrinderverband Bayern e.V.
- Pfarrer Kilian Saum und Kirchenpfleger Werner Gruber, Pfarrei Oberalteich
- Frau Regina Schindler, Burglengenfeld, für die gute Zusammenarbeit
- Herr Stabsfeldwebel Schmidla, Bundeswehr, Graf-Aswin-Kaserne, Bogen
- Stadtpfarrer Johann Schön, Pfarrei Bogen
- Frau Marianne Schötz-Brunner, Au vorm Wald
- Siegersdorfer Feuerwehrchor
- Frau Gabriele Six, Gemeinde Rattenberg
- Herr Martin Six, Waldwipfelweg, Maibrunn
- FFW Sparr mit ihrem Kommandanten Helmut Häuslmeier
- Herr Maximilian Stahl, Straubing Tigers GmbH & Co KG
- Frau Ina Ströher, Herr Peter Ströher, Herr Michael Ströher, Toyota Autohaus Ströher, Neukirchen
- Dr. Daniel Vagedes, Straubing
- Schwester Ursula Wagner, Schwester Gabriele und Frau Winkelmeier, Ursulinenkloster Straubing
- Herr Matthias Wallner, Erster Bürgermeister Neukirchen
- Frau Carina Weigert, Regensburg
- Beate und Hubert Weinzierl, Umweltzentrum Schloss Wiesenfelden
- Den Polizeiinspektionen von Bogen, Straubing und Mallersdorf-Pfaffenberg danke ich für freundliche Genehmigungen der Luftaufnahmen.
- Der Flugleitung (Tower) des Flugplatzes Straubing-Wallmühle, Herrn Herbert Voglgsang, Herrn Roland Seifert und Herrn Hafenrichter danke ich für die freundliche Erteilung der Startfreigaben
- Herrn Josef Roidl, Verlagsleitung, Frau Manuela Bonfissuto, Programmleitung Bavarica, und allen Mitarbeiterinnen und Mitarbeitern des Battenberg Gietl Verlags danke ich für die gute Zusammenarbeit.

Und natürlich, last, but not least, danke ich ganz besonders Frau Claudia Müller, deren Unterstützung und Mitarbeit an den Computern, den Drohnen und bei der sehr arbeitsintensiven Nachbearbeitung der gestitchten Panorama-Aufnahmen gar nicht hoch genug eingeschätzt werden kann.

Bildlegenden

Titelfoto
Blick auf die beiden Stadtplätze Straubings: Ludwigsplatz und Theresienplatz mit dem Stadtturm in der Mitte. Rechts die Basilika St. Jakob, dazwischen das Alte Rathaus. Links im Hintergrund die Jesuitenkirche.

Vorsatz
Typisches Landschaftsbild für den Straubinger Teil des Bayerischen Waldes: Berge, weite Täler, dichte Wälder und einzelne, in der Landschaft verstreute Gehöfte. Im Vordergrund Niederhofen und Hungerzell (zwischen Neukirchen und St. Englmar), im Hintergrund, unterhalb eines Regenbogens, der höchste Berg des Straubinger Landes: der Hirschenstein (1.095 m).

Seite 1
Für diesen Blick hat sich das geduldige Warten des Fotografen gelohnt: Wenn er auch nicht DER bayerische Löwe ist, so ist der Löwe des Straubinger Tiergartens doch immerhin ein besonders prachtvolles Exemplar seiner Spezies.

Seite 2/3
Seltene Wetterkonstellation: Abenddämmerung über den Türmen Straubing, während gleichzeitig infolge eines Sommergewitters zwei große Regenwolken über die Stadt ziehen und in deutlich erkennbaren „Regenfäden" abregnen. Die Türme von links nach rechts sind: Stadtturm, Basilika St. Jakob, Pfarrkirche St. Michael, Wasserturm und Karmelitenkirche.

Seite 16
Auszug zum Gäubodenfest: im Bild die Blaskapelle Perasdorf.

Seite 143
Spektakulärer Blitzeinschlag über dem Oberkogel.

Seite 144
Herbstwald zwischen Neukirchen und St. Englmar.

Nachsatz
Traumhafte Abendstimmung, gesehen im Bayerischen Wald zwischen Münchszell und Neukirchen.

Buchrückseite
Luftaufnahme von der Kirche auf dem Bogenberg, rechts die Donau, im Hintergrund reicht der Blick über den Gäuboden bis nach Plattling.

Impressum

Bibliografische Information der Deutschen Nationalbibliothek

Die Deutsche Nationalbibliothek verzeichnet diese Publikation in der Deutschen Nationalbibliografie; detaillierte bibliografische Daten sind im Internet über http://dnb.dnb.de abrufbar.
ISBN 978-3-95587-778-1

1. Auflage 2021

ISBN 978-3-95587-778-1

www.battenberg-gietl.de

Konzeption, Bildauswahl, Layout und Texte: Kai Ulrich Müller

Satz: Regina Schindler

Kartografie: Geodaten, Bayerische Vermessungsverwaltung 2019

Fotografie: Kai Ulrich Müller

MIX
Papier aus verantwortungsvollen Quellen
FSC® C014138
www.fsc.org

Für uns, die Battenberg Gietl Verlag GmbH mit all ihren Imprint-Verlagen, ist Nachhaltigkeit ein wichtiger Teil unserer Unternehmensphilosophie. Daher achten wir bei allen unseren Produkten auf den Einsatz umweltschonender Ressourcen und Materialien. Dieses Buch wurde auf FSC®-zertifiziertem Papier gedruckt. FSC (Forest Stewardship Council®) ist eine nicht staatliche, gemeinnützige Organisation, die sich für die verantwortungsvolle und ökologische Nutzung der Wälder unserer Erde einsetzt.

Unsere Partnerdruckerei kann zudem für den gesamten Herstellungsprozess nachfolgende Zertifikate vorweisen:

- Zertifizierung für FOGRA PSO
- Zertifizierungssystem FSC®
- Leitlinien zur klimaneutralen Produktion (Carbon Footprint)
- Zertifizierung EcoVadis (die Methodik besteht aus 21 Kriterien in den Bereichen Umwelt, Einhaltung menschlicher Rechte und Ethik)
- Zertifikat zum Energieverbrauch aus 100% erneuerbaren Quellen
- Teilnahme am Projekt „Grünes Unternehmen" zum Schutz von Naturressourcen und der menschlichen Gesundheit